西安石油大学优秀学术著作出版基金资助
西安石油大学油气资源经济与管理研究中心资助
陕西省社会科学基金（编号：2015G011）资助

农民工消费的
城乡二元性研究

王张明 著

中国社会科学出版社

图书在版编目（CIP）数据

农民工消费的城乡二元性研究／王张明著. —北京：中国社会科学出版社，2017.9
　ISBN 978 – 7 – 5161 – 8791 – 3

　Ⅰ.①农… Ⅱ.①王… Ⅲ.①民工—消费—研究—中国 Ⅳ.①F126.1

中国版本图书馆 CIP 数据核字（2016）第 196847 号

出 版 人	赵剑英
选题策划	刘　艳
责任编辑	刘　艳
责任校对	陈　晨
责任印制	戴　宽

出　　版	中国社会科学出版社
社　　址	北京鼓楼西大街甲 158 号
邮　　编	100720
网　　址	http://www.csspw.cn
发 行 部	010 – 84083685
门 市 部	010 – 84029450
经　　销	新华书店及其他书店
印刷装订	北京君升印刷有限公司
版　　次	2017 年 9 月第 1 版
印　　次	2017 年 9 月第 1 次印刷
开　　本	710×1000　1/16
印　　张	11.25
插　　页	2
字　　数	165 千字
定　　价	56.00 元

凡购买中国社会科学出版社图书，如有质量问题请与本社营销中心联系调换
电话：010 – 84083683
版权所有　侵权必究

目 录

第一章 绪论 …………………………………………… (1)
  第一节 研究背景及意义 ………………………………… (1)
  第二节 概念界定 ………………………………………… (9)
  第三节 研究思路及技术路线 …………………………… (14)
  第四节 研究方法 ………………………………………… (18)

第二章 消费二元性的研究综述 ……………………… (20)
  第一节 国外研究 ………………………………………… (20)
  第二节 国内研究 ………………………………………… (25)
  第三节 研究述评 ………………………………………… (34)
  本章小结 …………………………………………………… (38)

第三章 消费二元性的特征分析 ……………………… (39)
  第一节 农民工消费的总体特征分析 …………………… (39)
  第二节 不同消费主体的比较分析 ……………………… (51)
  第三节 消费二元性的具体特征 ………………………… (59)
  本章小结 …………………………………………………… (66)

第四章 消费二元性的形成机理分析 ………………… (68)
  第一节 消费理论的发展脉络 …………………………… (68)

第二节　代表性消费理论介绍 ………………………… (70)
　　第三节　二元消费的机理探析 ………………………… (76)
　　本章小结 ………………………………………………… (80)

第五章　消费二元性形成的实证分析 …………………… (82)
　　第一节　理论基础与研究假设 ………………………… (82)
　　第二节　问卷设计与数据收集 ………………………… (86)
　　第三节　农民工城乡二元消费的实证分析 …………… (91)
　　本章小结 ………………………………………………… (102)

第六章　消费二元性的趋势预判及社会效应 …………… (104)
　　第一节　消费二元性趋势预判 ………………………… (104)
　　第二节　农民工消费二元性的正面效应 ……………… (110)
　　第三节　农民工消费二元性的负面效应 ……………… (114)
　　本章小结 ………………………………………………… (119)

第七章　弥合消费二元性的政策建议 …………………… (120)
　　第一节　切实推进城镇化进程,从根源上弥合城乡
　　　　　　二元消费 ……………………………………… (120)
　　第二节　完善农民工城镇社保体系,拓展消费风险
　　　　　　分散路径 ……………………………………… (124)
　　第三节　破解身份认同困境,引导农民工走出消费
　　　　　　误区 …………………………………………… (128)
　　第四节　促进农民工城市融入,提升其留城意愿 …… (132)
　　第五节　修正供给的市民偏好,培育农民工消费热点 … (136)

第八章　研究总结与展望 ………………………………… (139)
　　第一节　研究结论 ……………………………………… (139)

目　录

第二节　研究不足及展望 …………………………………（143）

附录1　调查问卷………………………………………（145）

附录2　个案访谈提纲…………………………………（153）

参考文献 ………………………………………………（155）

后记 ……………………………………………………（169）

图 目 录

图 1.1　1978—2013 年中国最终消费率变化轨迹 ………… (2)
图 1.2　1949—2014 年中国城镇化率变化轨迹 …………… (4)
图 1.3　2014 年中国户籍人口结构 ………………………… (6)
图 1.4　本书技术路线 ……………………………………… (15)
图 3.1　2013 年农民工储蓄目的占比 ……………………… (40)
图 3.2　2013 年农民工消费结构项目占比 ………………… (41)
图 3.3　2013 年农民工外出就餐状况 ……………………… (42)
图 3.4　2013 年农民工城市住房状况 ……………………… (43)
图 3.5　2013 年农民工城市住房面积 ……………………… (44)
图 3.6　2013 年农民工子女上学状况 ……………………… (45)
图 3.7　农民工日常上班交通工具一览 …………………… (45)
图 3.8　农民工公交卡使用频率 …………………………… (46)
图 3.9　2013 年农民工每周上网时间排名 ………………… (46)
图 3.10　2013 年农民工上网目的排名 …………………… (47)
图 3.11　2013 年农民工休闲娱乐状况 …………………… (48)
图 3.12　2013 年农民工休闲娱乐制约因素 ……………… (48)
图 3.13　农民工最为迫切的消费排名 …………………… (51)
图 3.14　1995—2013 年中国农民工与城镇就业平均
　　　　 工资对比 …………………………………………… (52)

图 3.15　2013 年中国农民工家庭收入来源 …………… (53)

图 3.16　1978—2014 年中国城乡居民消费规模变化 ………… (54)

图 3.17　2012—2014 年农民工、城镇居民与农村居民平均
　　　　 消费倾向 ……………………………………………… (58)

图 3.18　2013 年农民工农村汇款占收入比例的不同分布 …… (59)

图 3.19　2013 年农民工汇款的主要用途 …………………… (60)

图 3.20　2013 年农民工城市消费比例 ……………………… (61)

图 3.21　2013 年农民工进城务工后消费变化 ……………… (62)

图 3.22　2013 年农民工城乡消费结构差异对比 …………… (63)

图 4.1 　西方消费理论演变情况 …………………………… (69)

图 4.2 　1990—2010 年中国城镇固定投资占全社会固定投资
　　　　 比例 ……………………………………………………… (76)

图 4.3 　2013 年农民工处理土地方式 ……………………… (78)

图 4.4 　农民工城乡二元消费形成机理 …………………… (80)

图 5.1 　2013 年农民工从事行业分布 ……………………… (91)

图 5.2 　2013 年农民工就业岗位排名 ……………………… (91)

图 6.1 　2001—2014 年外出就业农民工数量增长率变化 …… (106)

图 6.2 　2013 年农民工城市购房意愿 ……………………… (110)

图 6.3 　2014 年中国人口构成 ……………………………… (116)

图 6.4 　1978—2014 年中国农民工规模变化 ……………… (117)

表 目 录

表 1.1　1978—2013 年中国三大消费主体消费规模支出
　　　　比例 ……………………………………………………（3）
表 1.2　农民工规模 …………………………………………（10）
表 3.1　2013 年农民工与城乡居民恩格尔系数对比 ………（42）
表 3.2　农民工消费态度汇总分析表 ………………………（49）
表 3.3　1952—2013 年中国居民消费水平 …………………（55）
表 3.4　2013 年外出农民工每月人均生活消费支出 ………（56）
表 3.5　2013 年城镇、农村居民与农民工消费结构对比 ………（57）
表 5.1　农民工户籍地分布情况 ……………………………（87）
表 5.2　被调查农民工的社会人口结构特征 ………………（90）
表 5.3　各变量的平均值和标准差 …………………………（92）
表 5.4　各变量之间的相关系数 ……………………………（93）
表 5.5　各模型回归结果汇总 ………………………………（94）
表 5.6　多重共线性检验 ……………………………………（95）
表 5.7　异方差的 White 检验 ………………………………（96）
表 5.8　异方差的 Szroeter's 秩检验 ………………………（96）
表 5.9　GLS 模型回归结果汇总 ……………………………（97）
表 6.1　1983—2014 年中国外出农民工数量及增速变化 ……（105）
表 6.2　2014 年外出农民工地区分布及构成 ………………（107）

表 6.3　不同学者对 2014 年农民工消费规模预测对比 ………（109）

表 7.1　2014 年农民工参加"五险一金"的比例 ……………（125）

表 7.2　我国各地农民工住房保障政策实施一览表……………（127）

第一章

绪 论

第一节 研究背景及意义

一 研究背景

(一) 消费拉动内需低效且居民消费比例下降

自 2007 年世界金融危机以来,我国政府主导下的投资驱动型的经济增长模式受到了很大挑战,出口市场需求的萎缩使经济增长更为依赖消费和投资,虽然历届政府采取种种措施,但消费刺激内需增长的模式并未建立。相反,2009 年中央政府的 4 万亿元和地方政府的 7 万亿元的"投资救市"使国内投资持续过热,进而引发政府债务、产能过剩、通货膨胀等压力,使得经济增长方式的转型更为迫切。早在 2011 年,我国工业总产值已超过美国跃居全球第一。[①] 但与强大生产能力形成鲜明对比的是虚弱的消费能力。2011 年我国人均社会消费品零售总额为 2130 美元,不及美国人均消费水平 15580 美元的 1/7。从消费率来看,俄罗斯、巴西、印度和中国居民消费率依次为 49.7%、57.7%、60% 和 41.7%。[1] 由此,不难发现,中国是一个生产大国但并非消费大国。[2]

---

① 2011 年,中国工业生产总值达 2.9 万亿美元,美国为 2.4 万亿美元,来源于联合国 2013 年公布数据。

1952年，我国消费率达到78.6%，并在1962年达到89.6%的最高值，此后消费率一直保持在75%左右的水平；1981年，按支出法计算国内生产总值，我国消费率达到67.1%，资本形成率则为32.5%。经过30多年的发展，我国消费率持续下降，尤其是进入21世纪以来，消费率下降速度加快。从图1.1中我们可以看出，2011年我国最终消费为49.1%，与消费率持续下降形成鲜明对比的是投资率的快速上升，该年度我国投资率达到48.3%。[①] 1998年，中国政府首次提出扩大内需，发挥国内市场潜力。刺激内需有两种途径，即刺激国内投资需求和居民消费需求。过去14年以来，我国经济的高速增长主要在于大规模的政府投资，经济增长的单一投资驱动模式已经带来通货膨胀等一系列问题，显然不具备可持续发展性，最终经济增长应该回归到依赖居民消费的路径上来。在国内消费率下降的同时，农村居民在三大消费主体中的地位明显下降，其消费支出比例已由1978年的48.8%下降到2013年的17.27%（见表1.1），城乡居民的消费差距越来越大，这给消费拉动内需带来很大挑战。

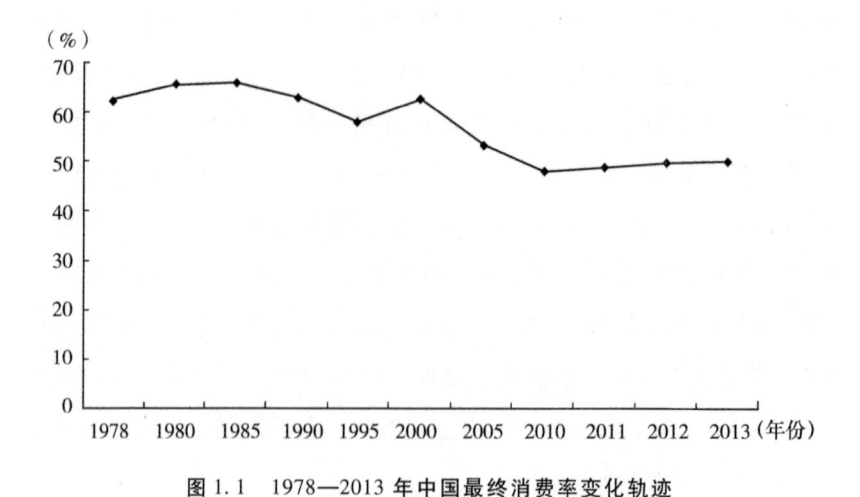

图1.1 1978—2013年中国最终消费率变化轨迹

[①] 根据《中国统计年鉴》相关数据计算整理。

表1.1　　1978—2013年中国三大消费主体消费规模支出比例　　单位:%

年份 类型	1978	1985	1990	1995	2000	2005	2010	2013
农村居民消费	48.8	46.9	38.8	30.6	24.6	19.6	16.46	17.27
城镇居民消费	29.8	31.4	39.4	46.5	49.9	53.7	56.04	55.33
政府消费	21.4	21.7	21.8	22.8	25.5	26.7	27.5	27.4

农民工作为我国产业工人的主体,是农村居民中掌握现代生产方式的群体,其已成为近年来收入增速最快的一个群体,高于城乡居民人均收入增速近10个百分点,农民工的收入规模目前已达3.9万亿元,并持续增长,预计2015年GDP占比达11.3%,因而具有巨大的消费潜力。[①] 但大中城市中面向农民工的基础设施和公共产品供给不足,上亿农民工在城市就业生活所需的基础设施严重短缺,在住房、交通、子女教育、健康保健、娱乐等方面的待遇远远低于城市居民。作为生产者主体的农民工及其家庭消费严重不足,造成整个经济的消费基础过于薄弱,在全国人口中占较小比例的城市户籍居民成为消费的主体,这是造成国内消费需求不足的根源。

(二) 城镇化进程加快且农民工构成增量主体

党的十八大指出,未来20年中国经济发展的动力来源于城镇化。目前,发达国家的城镇化率为80%,发展中国家为60%,世界平均为52%。从图1.2中不难发现,新中国成立后,我国城镇化率仅为10%,进入20世纪90年代后,城镇化的进程开始加快,截至2014年底,我国城镇化率已达到54.6%,但按户籍人口计算,中国真实城镇化率仅为37.1%,两者统计口径差距在于农民工群体。[②]

---

①　来源于巴曙松、蔡昉等学者的调研数据,http://finance.people.com.cn/n/2012/1212/c351122—19877417.html。

②　2014年城镇化率来源于发改委公布数据,http://cn.reuters.com/article/chinaNews/idCNCNEA2F02420140316。

与传统城镇化"村庄—集市—集镇—城镇—城市"的演化模式相反，我国现有城镇化的发展路径是从内而外，即以城市为中心向周边扩张，在这种模式下，农村剩余劳动力进城务工就成为近20年中国城镇化的增量主体。下图1.2所示，新中国成立初期，我国城镇化率仅为10%，1960年至80年代初，一直保持在20%以下的水平。改革开放以后，我国城镇化速度加快，于1985年、1996年、2004年及2010年相继突破30%—50%的水平，到2014年，我国城镇化率已高达54.77%。

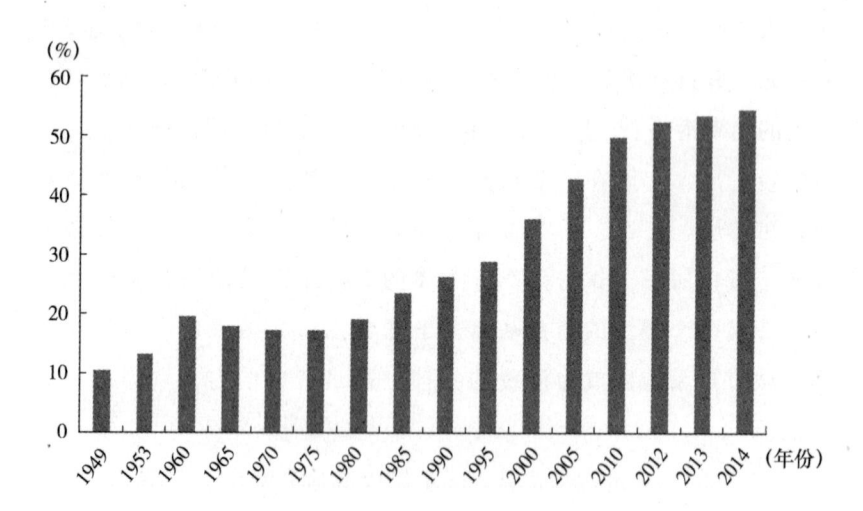

图 1.2　1949—2014 年中国城镇化率变化轨迹

改革开放以来，我国逐步形成了农业部门、乡镇企业部门、城镇正规部门、城镇非正规部门。在市场经济的引导下，由于我国城乡二元结构的弥合及城镇化进程的推动，经济体制改革使原来被禁锢的生产要素开始转移，而农村剩余劳动力转移有体制内和体制外两种方式。体制内方式主要是通过高等教育筛选机制和城市建设征地等方法；体制外方式是农民自发外出务工，农民工虽然在非农业部门就业，但继续保持农民身份，从而形成了中国独有的"农民工"现象。农民工规模已由20世纪80年代初期的不足200万人迅速增加到 2013 年的 2.69 亿人,占我国总人口的比例达到 19.78%。其中,外出农民工 1.66 亿人,超过城镇人口的 1/6、城镇从业人口的 1/3,已构成过去 20 年我国城镇化率提升的主要增量。① 农民工虽然被归入城镇人口,但并不享有城市居民的相应权利,据有关机构预测,2020 年常住人口城镇化率要达到 60% 左右,户籍人口城镇化率达到 45% 左右,努力实现 1 亿左右农业转移人口和其他常住人口在城镇落户。② 有学者指出,农民工的市民化不能仅停留在统计学意义上,须经历进城务工、稳定就业和融入城市三个阶段。[3] 研究农民工消费有助于促进人口城镇化,增加我国城镇化的内涵。

(三) 农民工成为统筹城乡发展的关键因素

虽然我国城乡二元结构有所弥合,但"三农"问题并未得到缓解,农村发展滞后、农业基础薄弱、农民收入增长缓慢,已成为我国经济发展过程中亟须解决的问题。以户籍人口计算,农民工约占我国总人口的 20%(见图 1.3),作为农村居民与城市居民天然的联结纽带,有望成为统筹城乡发展的关键因素。据有关学者估算,未来 35 年,我国年均转移农村剩余劳动力为 645 万人,农民工规模有望增加 2.26 亿人,达到 4.95 亿人。[4] 受益于其庞大的人口规模及快速提升的收入水平,农民工使中国的社会结构开始由二元社会过渡到三元社会,很多学者将其视为消费的第三极。[5] 农民工的消费行为既不同于农村居民的消费习惯,也与城镇居民的消费模式有显著差异,进而影响着城乡两地的消费总量和消费结构,农民工群体本身已成为联结城乡社会的重要纽带,农民工汇款已成为农村地区的重要资金来源,并且通过城市居民—农民工—农村居民的消

---

① 来源于人力资源和社会保障部 2014 年 2 月 21 日公布数据。
② 国务院:《国家新型城镇化规划(2014—2020 年)》,http://news.xinhuanet.com/politics/2014-03/16.htm。

费示范效应，有望真正提升农村居民的消费水平，最终为弥合城乡二元结构、消费拉动内需作出更大贡献。①

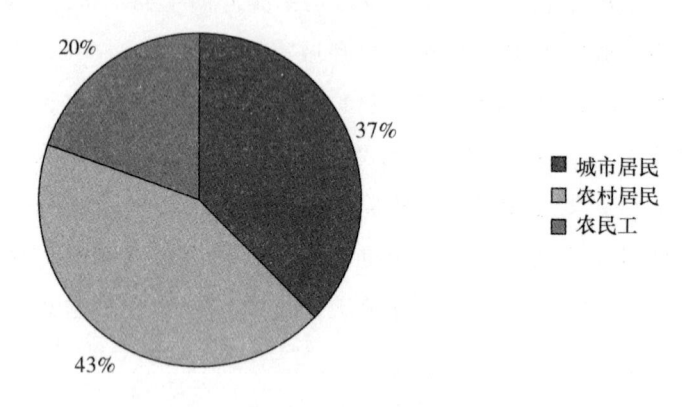

图 1.3　2014 年中国户籍人口结构

二　研究意义

（一）理论意义

1. 厘清农民工消费地域的二元性规律

运用现代经济学观点和计量经济学的分析方法，研究在我国城镇化进程中的农民工城乡消费二元现象，注重分析农民工在打工城市和农村家乡的消费支持分布、消费行为与结构差异，从定量角度研究不同因素对农民工消费行为的影响，研究农民工在城乡间的消费规模、消费结构、消费水平，对于构建农民工消费体系，释放其消费潜力具有一定意义。

2. 比较三大消费主体差异，完善中国居民消费理论

目前国内研究城镇居民与农村居民消费的文献较多，但受困

---

① "三农"作为一个概念，首先由温铁军博士于 1996 年提出，之后，湖北省监利县棋盘乡党委书记李昌平给朱镕基总理写信时提出"农民真苦，农村真穷，农业真危险"。2003 年，中央连续 6 年以"三农"问题为主线发布一号文件，从而开始了解决"三农"问题的历程。自 2009 年以来，历年中央一号文件逐步以保障农民工权益、农民工工资的增长及保障机制、农民工就业、返乡创业、侧重以农民工为主体的人口城镇化等为主题。

于农民工消费数据的可获得性，研究城镇居民、农民工与农村居民的消费差异的文献非常稀缺。本书试图通过实地调研、发放调查问卷获取一些第一手数据，计划做三年的跟踪调研，获得一定样本，最终能够分析三大消费主体的差异。研究城乡不同消费环境、消费习惯和消费文化对三大消费主体的影响，改变农民工消费的资源、制度约束，对构建中国特色的居民消费理论有一定的理论价值。

3. 探索"市民—农民工—农民"的消费引导机制

通过对农民工消费规律以及三大消费主体差异的分析，最终试图构建一个"市民—农民工—农民"的消费引导机制，为弥合城乡消费差异，进而提升国内居民消费需求，构建中国居民消费增长的长效机制提供新思路。总之，农民工消费是居民消费的重要组成部分，解决农民工消费问题涉及社会的公平正义、城市管理和政府规制等研究领域，跨越经济学、社会学、管理学、法学等多个学科，是一个由主体和客体、机制和功能、结构和形式等诸多因素构成的体系。

（二）实践意义

1. 提高居民消费比重，转变经济增长方式

与农村市场及城市市场相比，农民工消费市场不像前者难以企及，也不像后者易于管理。农民工在实现生产方式现代化的同时，其生活方式依然较为传统，受"钟摆式"兼业与"候鸟式"流动择业方式的影响，最终形成了"进城务工，回乡消费"的消费模式。与传统农民工不同，新生代农民工更易受到城市同龄人消费观念的影响，更倾向于以消费融入城市生活。农民工个体正经历着从"生存理性"到"社会理性"的转变，其消费定位开始由"生存型"向"生活型"转变，最终表现为农民工在城市与农村之间消费行为、消费结构和支出比例的较大差异。因此，通过研究农民工城乡消费二元性的城市、农村和社会效应，提高农民工收入、加速

农民工市民化进程和农民工对农村居民消费的示范带动效应，最终推动国内居民消费的持续增长。在当前我国出口受阻、内需启动不力以及经济增长转型的背景下，农民工城乡消费二元性的深入研究对于提高农村居民消费比重、转变较为单一投资驱动的经济增长模式有重要意义。

2. 缓和城乡二元结构，推动城镇化健康发展

新中国成立后采取的"以农补工、以乡保城"发展模式和当时的户籍制度以及城市的排他性就业、福利制度导致城乡劳动力的固化，形成了各自独立循环的生产消费体系，最终形成了典型的城乡二元机构。改革开放后，我国居民收入差距快速拉大，收入差距过大已对我国经济的发展造成很大影响，而通过农民工这一消费群体缩小城乡居民收入差距，对我国实现城乡均衡发展意义重大。未来20年，城镇化有望成为我国进一步发展的动力，但如何推动城镇化的可持续发展在当前国内学界仍有争议，城市里的"圈地运动"以及农村地区的"上楼运动"并不能真正推动城镇化进程。针对我国很多地区的"伪城镇化"现象，如何解决人口城市化落后于土地城镇化的难题？只有在国家相关政策体系的支持引导下，通过解决农民工的城镇落户、提高收入和改变消费观念从而最终实现市民化。最终，从通过农民工消费来分析其融入城市的程度，为推动城镇化的健康发展提供一个新的研究视角。

3. 为企业给农民工提供产品提供理论支撑

鉴于农民工对农村居民家庭的收入提高和消费示范效应，农民工进城可以衍生出大量公共服务需求，如学校、医院、交通、住房等，更多的学者开始将农民工作为中国消费增长的"第三极"。但是，当前国内企业从产品的研发、包装、设计、功能、使用及售后很多环节都以城镇居民为直接服务对象，对农村居民尤其是农民工的消费需求了解较少，没有提供适合农民工消费需求的产品。因此，在厘清农民工消费规律的基础上，针对农民工的消费心理、消

费行为及消费结构等需求特征，为企业生产适销对路的产品提供决策依据。

第二节 概念界定

一 农民工

在20世纪初期，随着民族工业的发展与近代城市的初步形成，我国开始出现了"流民"、劳工以及真正意义的产业工人，他们绝大多数来自于农民，身份具有不确定性，正如法国学者谢诺（Jean Chesneaux）所言："在第一次世界大战结束不久的年代，几乎所有中国新式工业和运输业的工人都是来自近年涌进城市的农民。他们对城市新环境还不太习惯，仍然和农村保持着密切的联系。"[6] 随着自然经济的进一步解体，农民开始加速向城市集中，为我国近代工业的发展提供了充足的劳动力。新中国成立后，受困于当时一穷二白的基本国情以及苏联发展经济的示范效应，形成了"以农补工、以乡保城"的发展模式，以户籍制度等措施禁止农村剩余劳动要素在城乡之间的自由流动，从而固化了我国的城乡二元结构，也使近代以来农民市民化的进程得以延缓。①

改革开放后，随着计划经济向市场经济体制的过渡，农业生产不再是农民唯一从事的行业，其工作与生活的重心开始由农村向城市转移。同时，受益于家庭联产承包责任制的实施，农业的生产效率得以大幅提升，农村劳动力的供求关系发生了根本性的变化，因此农村剩余劳动力开始向城市逐步转移，经历了"离土不离乡"、"进厂又进城"及"离土又离乡"等阶段之后，终于在1989年出现

---

① 参见1958年1月的《中华人民共和国户口登记条例》，该条例首次将居民分为"农业户口"和"非农业户口"两种户籍，事实上废弃了1954年宪法关于迁徙自由的规定，标志着政府开始对人口自由流动实施管制。

了"民工潮"。① 1989年进城务工的农村剩余劳动力达到1000多万人次,这给城市基础设施带来了极大压力,引起了社会的强烈反响和高度关注。[7,8] 经历了1984年允许务工农民自带口粮到集镇落户和1992年的"鼓励、引导农民工有序流动"的政策转向之后,进城务工的农民规模快速扩大。② 2013年其规模已达到2.69亿人,其中,外出务工人员达到1.66亿人,本地农民工为1.03亿人,见表1.2。[9]

表1.2 农民工规模 单位:万人

指标\年份	2008	2009	2010	2011	2012	2013	2014
农民工总量	22542	22978	24223	25278	26261	26894	27395
1. 外出农民工	14041	14533	15335	15863	16336	16610	16821
个别外出	11182	11567	12264	12584	12961	13085	13243
举家外出	2859	2966	3071	3279	3375	3525	3578
2. 本地农民工	8501	8445	8888	9415	9925	10284	10574

资料来源:国家统计局《2014年全国农民工监测调查报告》。

1983年,我国社会学家张玉林首次将进城务工的农村居民提炼为"农民工"一词,此后,陆学艺(2003)进一步指出,"农民"是指其身份,"工"是指其职业。[10] 在党的十六届三中全会上,党中央首次将"农民工"写入了正式文件,进城务工农民从此有了"官方"称谓。作为经济转轨时期的一个特殊群体,农民工具有显著的中国特色,与发达国家城镇化和工业化同步并进的路径不同,我国城

---

① 农村剩余劳动力"离土不离乡"的这一模式与20世纪八九十年代我国乡镇企业的迅速崛起有很大关联。乡镇企业是指以农民投资为主,在乡镇举办的承担支援农业义务的各类企业,乡镇企业在吸引农村剩余劳动力、提高农村居民收入、改变农村产业结构方面贡献颇多,以2007年为例,乡镇企业从业人员达到1.51亿人,占农村劳动力总数的29.13%,占农村社会增加值的68.68%。乡镇企业成为推动农村经济持续增长的主要支柱,也成为吸引本地农民工就业的重要渠道。

② 详参《关于1984年农村工作的通知》。

镇化的进程滞后于工业化，尤为严重的是，人口的城镇化落后于土地的城镇化。在对农民工群体的发展历程进行简单回顾之后，结合专著的研究主题，我们将其定义为，在我国经济社会转型的过程中，在经历空间迁移与职业转换之后，其户籍身份在农村，但工作生活在城市的劳动者。农民工有本地和外出就业之分，也有传统与新生代之分，本书的分析对象更多地聚焦为外出就业的农民工。①

二 农民工市民化

农民工城乡消费二元性的研究脱离不了城镇化的历史进程，而农民工市民化则为其核心环节。从西方市民社会的演进来看，由于商品经济的发展及分工的深化，出现了专门的商人及手工业者，出现了店铺，商人由行商转为坐商，也因而成为第一代市民，以后贵族、皇室、产业工人及服务人员都极大拓宽了市民的内涵。国外的城镇化模式虽然有英国的强制化模式、美国自由模式以及日本政府主导模式之分，但是其农民转换为市民基本上是一步到位的，即虽然各国城镇化历时长短不同，但其农民市民化与劳动力非农化的进程同步。与西方不同，我国城镇化进程本身落后于工业化，现有城镇化更多的是土地的城镇化而非人的城镇化，农民市民化的进程被割裂为两个阶段，出现了中国特有的"农民—农民工—市民"演进路径，因此中国城镇化的实质意义在于实现农民工的市民化。[11]

有学者认为，应用"农民非农化理论＋农民工市民化理论"取代传统农民市民化的"一步转移理论"。[11]也有学者指出，农民工市民化的核心是权利问题，根本问题是城市与农村之间形成平等的权利架构，让农民工享有与城市居民同等的社会权利。[12]本书将农民工市

---

① 中国统计年鉴一般按农民工是否在当地县城就业将其区分为本地就业农民工和外出就业农民工，而国内学界多将其分为传统农民工与新生代农民工，重点关注农民工的代际差异，从年龄特征、打工动机、城市融入、身份认同等视角展开具体分析，以王春光（2001）、刘传江（2007）及邓大才（2008）等学者的研究为代表。

民化界定为,农民工成为与城市居民同质的市场主体,体现为农村户籍身份破除、市民身份确认、居住地域转移、就业非农化、技能专业化、行为模式革新、生活方式转变等多层次的系统变迁过程。农民工市民化既是一种过程,也是一种结果,由于当前农民工在城市的生存状态呈现出典型的边缘化特征,农民工市民化也可理解为农民工摆脱边缘状态,融入城市社会的过程。

三 农民工消费二元性

(一)城乡二元结构的提出

城乡二元性首先由英国著名经济学家刘易斯(William Arthur Lewis,1954)提出。作为研究发展中国家经济问题的先驱学者,刘易斯通过对比之后发现,与发达国家的城乡一体不同,发展中国家呈现为现代城市工业与传统农村农业并存等特征,他将其命名为城乡二元结构,并试图通过"二元经济"来解释发展中国家贫困的根本原因。[13]新中国成立后,迅速以计划经济体制和户籍管理制度形成了典型意义上的城乡二元结构,城乡居民两种不同的资源配置是通过就业、户籍、住宅、教育、医疗、保险、婚姻等一系列制度措施得以实现的。因此,作为一个典型的发展中国家,中国社会发展的必然路径也是一个打破二元结构、使城乡融为一体的历史进程。

(二)前期研究的简单梳理

作为我国城乡二元结构逐步弥合背景下产生的农民工群体,其消费理念、消费行为以及消费结构无不受到城乡二元结构的影响。国内学者中,于丽敏(2010)首次提出农民工消费二元性这个概念,她将研究视角聚焦于农民工消费行为,并指出农民工消费行为受到农村消费观念限制和城市居民消费行为示范的双重影响,呈现出典型的城乡二元特征;同时,她将其归因于收入不稳定、社会保障体系缺失、户籍制度限制及传统消费观念约束等因素。[14]此外,也有部分学者重点关注新生代农民工不同的城乡消费策略,其研究表明,新生代农民工尝试模仿城市居民消费,通过消费方式转型以实现身份的自我认同并融入城市生活,但受制于户籍、保障及就业等一系列制度性安排,其消费策略呈现为典型的"两栖消费"。另外,也有少数学者关注农民工消费结构的城乡差异,其研究发现,农民工城市消费主要基于自身收入、资产状况、生命周期进行决策,而农村老家消费则属于满足基本需求的维持性消费,其消费结构呈现出单调而高度同质的特点,城乡消费支出的比例接近于2:1。

(三)消费二元性的概念界定

笔者认为,当前学界对农民工消费二元性的研究仅限于消费行为或结构等单一视角,无法从宏观视角掌握农民工消费二元性的形成机理、社会效应及发展趋势,而此问题根源于对农民工消费二元性的界定有失偏颇,欠缺整体。现有研究割裂了二元性的整体概念,不应仅将研究视角限于消费行为。在前人研究基础之上,以及对农民工迁移模式、收入城乡分割、消费空间分布、农民工汇款、新生代农民工的身份认同及城市融入进行系统梳理之后,本书将农民工城乡消费二元性的定义界定如下:在城乡二元体制的背景下,农民工把在城市打工的工资性收入,分别用于城市消费支出和农村消费支出的特征与属性就称为城乡消费二元性。

(四)消费二元性的内涵解读

第一,地域解读。农民工由于进城务工迁徙的非永久性,大部分农民工多为单身进城务工,他们必然会面临其个体与家人生活消费的城乡地域分割。出于个人与家庭成员消费的均衡考虑,农民工的消费支出势必会分为两大块:一是维持个人城市生活的城市消费支出;二是为保证农村家庭成员生活的家庭消费支出。因此,通过农民工消费二元性的定义我们不难发现,其城乡地域二元消费的特征非常显著。

第二，身份解读。农民工身份的双重性对其二元消费有着先天性的影响。一方面，从户籍界定的角度出发，农民工属于农村居民，并不能享受到城镇居民的诸多福利；另一方面，农民工又长年生活在城市，属于统计意义上的城镇居民，他们的消费观念与行为已经日益"市民化"。农民工身份的这种天然双重性势必会造成消费观念的混乱，农村传统消费观念及市民消费示范效应的并存最终造成二元消费的消费困境。

第三，消费决策过程解读。在城乡迥异的消费环境下，农民工在社会地位及消费角色发生转换的同时，由于城市融入的困境和消费参照群体的多元化，通过在城乡不同区域采取各异的消费策略，即采取城市压缩性消费与农村炫耀性消费并存的方式，以补偿自身在城市的身份缺失，最终体现为在城市和农村的收入分割、两地支出以及在消费行为、消费水平、消费结构差异等诸多现象。

第三节　研究思路及技术路线

一　研究思路

本书遵循"理论溯源—现状描述—机理分析—发展趋势—社会效应—对策建议"的基本思路，在梳理有关农民工城乡二元消费国内外翔实文献基础上，结合我国农民工发展的历史进程，通过农民工与城乡居民消费的对比分析，揭示农民工城乡二元消费的具体现状；并以绝对收入理论和生命周期消费理论为建模依据，重点关注收入性质、城市融入、身份认同、社会保障及消费信贷等视角，探寻农民工城乡二元消费的形成机理；进而在对未来农民人口数量、区域流向及消费规模作出测算之后，聚焦于农民工消费的社会效应分析，并以其为依据提出拟合农民工消费二元性的对策建议。

二 技术路线

本书技术路线见图 1.4。

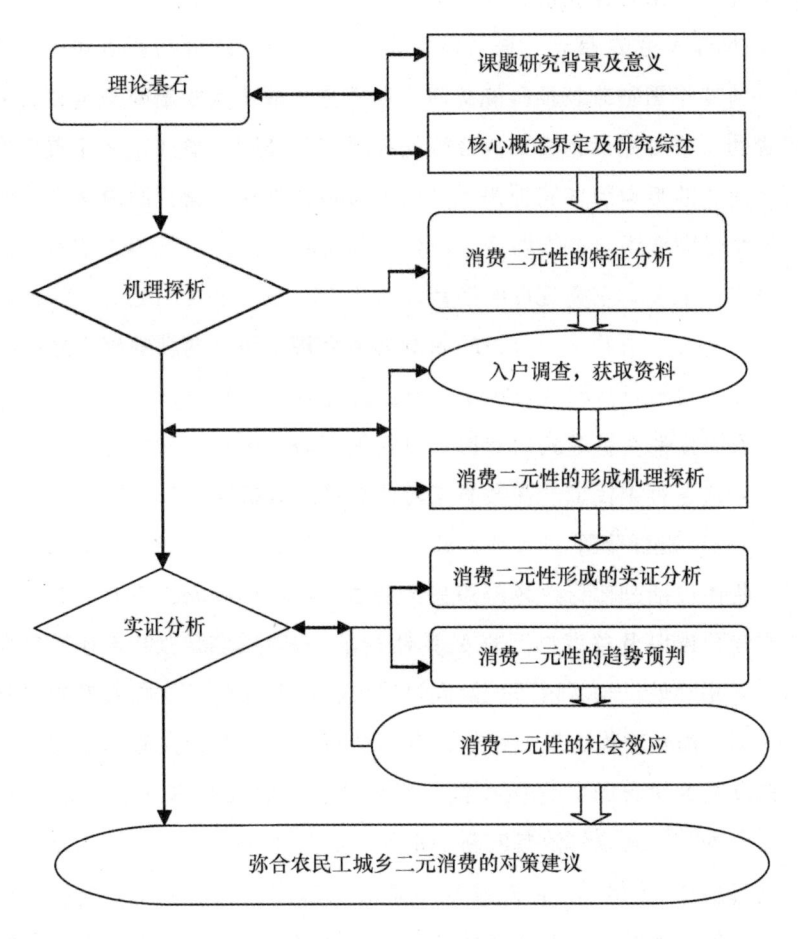

图 1.4 本书技术路线

三 主要内容

(一) 绪论

首先介绍了本书的研究背景及意义,然后阐述了研究农民工城乡消费二元性的理论价值和现实意义,接着在对相关基本概念界定的基础上对本书的研究思路及分析框架进行了简要概括。以此为基础，对本书的研究方法进行了简单阐述。最后，对本书研究的主要内容作了简要归纳介绍。本章既是本书研究的开始，也是本书研究的纲领，将对本书的整体研究起指导和界定作用。

（二）研究综述

国外相关研究以经典消费理论回顾为基础，主要集中于城乡居民消费的比较研究、农民工消费特征描述、农民工消费的城乡分布、农民工消费的影响因素探析四个方面。与国外文献相比，国内该方向的文献数量明显增多。当前研究主要围绕着农民工消费行为、结构二元性研究；个人与家庭成员的消费均衡研究；城乡消费二元分布的社会影响以及城乡消费二元分布的影响因素分析。经过文献的梳理之后我们发现，目前直接研究农民工消费二元性的学者较少，现有研究仅分析了农民工消费行为的二元性，对农民工城乡消费结构进行简单统计描述，缺乏对农民工消费城乡二元性的系统分析。

（三）特征分析

具体包括三部分内容，即农民工消费的总体特征、三大消费主体的比较分析以及消费二元性的具体特征。其中，第三部分为分析重点。研究发现，与城镇居民及农村居民相比，农民工在收入来源、收入水平、消费规模、消费结构以及消费行为上都有较大的差异性。而且在农民工特有的"进城挣钱，返乡消费"消费模式中，实现了农民工个体与家庭成员消费的新均衡。

（四）形成机理

主要围绕农民工消费二元性的形成机理展开理论分析，在对经典消费理论进行回顾之后，重点对与农民工二元消费相关的炫耀性消费理论、符号消费理论及生命周期消费理论展开分析，然后从体制根源、核心要素、迁徙模式、个体特征及产品供给五个视角凝练消费二元性的形成机理。研究表明，农民工消费的城乡二元性并非某单一因素所决定，而是包括收入稳定性、城市融入、身份认同、社会保障、消费信贷等一系列政策的结果。

（五）实证分析

以凯恩斯的绝对收入假说和生命周期消费理论为建模基础，以1070份有效调研问卷为数据来源，着重从不同性质收入、城市融入程度、身份认同意识、社会保障体系以及消费信贷支持等视角展开实证分析。实证分析的结果表明，农民工工资性收入在其家庭收入比例的增长、城市身份认同意识的增强、城市融入程度的不断加深以及消费信贷政策的完善都对农民工城镇消费有显著的促进作用，有利于城乡二元消费的弥合；而当前农民工预期收入增长的不稳定以及城镇社会保障体系对其的排斥则固化了农民工的城乡二元消费模式，使农民工长期陷入到消费困境当中。

（六）趋势预判与社会效应

首先，对农民工城乡二元消费的未来趋势进行预判，具体包括农民工人数总量预测、农民工未来流向预测、农民工的消费规模测算以及农民工消费的城乡分布展望。其次，对正面效应展开分析。农民工即使陷入到消费的困境当中，也应考虑到农民工庞大的规模和近年来快速增长的收入水平，其对城镇低端消费的贡献是毋庸置疑的。而且，农民工进城务工，增加收入之后通过个人汇款的形式将其寄回农村，这已经成为我国欠发达地区农村的一项重要收入来源，有效改善了农村家庭的消费水平。最后，分析其负面效应。农民工长期城乡往返，居无定所，导致其对未来生活产生消极预期，从而降低消费倾向，形成二元消费。

（七）对策思考

对于有进城倾向的多数新生代农民工而言，他们必须提升自己融入城市的能力，在收入的稳定性、增长性和发展性上要有保障，通过生产创造财富融入城市，而非陷入到炫耀性消费和符号消费的误区当中。而对于部分传统农民工而言，其更有可能成为未来的"返乡"群体，因此自身农业技能的积累和农村人际关系的拓展都尤为重要。

在农民工未来生活的筹划当中，政府扮演了关键角色。因此，政府要切实重视农民工的消费困境，愿意为农民工提供均等化的公共产品，包括一系列消费政策支撑，营造农民工融入城市或返回农村的良好氛围，督促企业改变生产产品的市民偏好，培育农民工未来的消费热点。

第四节 研究方法

一 定性分析与定量分析相结合

研究农民工消费，既要揭示其普遍规律，更要结合中国实际国情。本书在研究农民工城乡二元消费的现状及具体特征时，主要以马克思消费理论和西方消费函数为基础，对其展开定性分析。而对农民工消费二元性的形成机理、社会效应及发展趋势的判断，则主要采用扩展线性支出系统、消费函数和恩格尔系数法、工具变量法等具体的定量分析方法，希望通过中国数据检验本书所建立的模型，分析其是否适合中国国情，是否可以解释中国的情况。

二 主观逻辑分析与客观实践相结合

农民工消费函数必须考虑中国的制度环境和二元社会结构，西方经典理论的"拿来主义"肯定行不通，因此，除了对农民工消费理论展开框架研究之外，还必须再深入实际进行观察、访谈和问卷，了解农民工目前实际消费物品的数量、种类及消费预期。

三 静态分析与动态分析相结合

农民工的城乡消费二元性并非一成不变，它随着城镇化内涵的增加而有所转变，尤其是在新生代农民工日益成为当今农民工主体的背景下。因此，在研究农民工消费时，我们既以截面数据分析某年农民工消费的城乡分布及消费结构，同时又从一个较长的时间序列出发，具体观察农民工消费二元性的变化趋势，将其与城镇、农村居民作长期比较，以进一步揭示农民工消费二元性的变动规律，更准确地把握未来农民工消费行为变动的方向和趋势。

四 实地调研与年鉴数据相结合

农民工消费研究的一大障碍在于消费数据的不易获取。与农村居民和城镇居民不同，目前中国统计年鉴尚未单列农民工的相关数据。因此，本书采取统计年鉴数据与自身调研数据相结合的方法：一方面，城乡居民的收入消费数据在相关年鉴里查询，可以得到时间序列及面板数据；另一方面，农民工消费的数据更多地来源于本课题组进行的问卷调查及实地调研活动。试图通过进行持续的观察、访谈和问卷等方式厘清农民工消费的城乡分布、消费行为特征、消费结构及影响因素，从而得到农民工消费的横截面数据等第一手资料，为准确把握农民工消费行为规律性、加快开发农民工消费市场提供详细而有价值的基础资料。

第二章

消费二元性的研究综述

受益于其庞大的人数规模及快速提升的收入水平,农民工使我国的社会结构加速向三元社会逐步过渡。在我国城镇化进程加快推进的背景下,农民工作为经济增长的重要引擎,一方面已通过具有竞争力的低成本生产实现,另一方面则需通过消费达致。由于政府扩大内需和企业开拓农民工市场的需要,自20世纪90年代中期以来,农民工的研究视角经历了由"生产工具"到"消费主体"的转向,农民工消费已成为国内学界研究的理论热点。长期以来,国内学者对农民工的研究主要围绕农民工外出动因、流动方式、社会网络、组织化程度、家庭模式、主体意识等方面,具体内容评述如下。

第一节 国外研究

一 城乡居民消费的比较研究

1978年,中国农村地区开始实施改革,农村居民消费水平大幅提升,消费结构有所改善,这引起了国外个别学者的关注。进入21世纪后,尤其是自次贷危机以来,中国消费市场对于全球经济增长的拉动作用越发明显。在这种背景下,更多的国外学者开始关注中国农村居民消费这一理论命题。基于中国城乡居民收入差距的快速拉大,国外学者尤为关注中国城乡居民的消费差异。保罗·迈耶(Paul Steidi-Meier，1982）首先着眼于对改革前后消费政策的对比分析，对城乡居民消费政策的差异展开研究，并对消费政策的实施效果进行评估。此后，赫伯特（Halbrendt，1994）运用中国广东省农村居民家庭的调查数据，通过 AIDS 模型参数的估计发现，广东农村居民的食品消费缺乏弹性，其食品消费模式与改革前相比发生较大转变。艾哈迈德（Eatzaz Ahmad，2007）对巴基斯坦的农村与城市居民的家庭消费支出进行实证分析，研究表明城市居民家庭消费水平普遍提高，但是对于农村居民而言，由于收入低，消费程度依然不高。[16]

而费尔哈特（Farhat Yusuf，2008）与费希尔（Patti J. Fisher，2011）进一步指出，中国居民消费的城乡分割效应非常显著，随着现代通信媒介的刺激以及城镇化进程的加快，中国城镇居民消费有可能成为全球最大的消费市场；与前者相比，农村家庭边际储蓄倾向较高，其耐用品消费与城镇消费有较大差距。[17,18]巴特拉伊（Keshab Bhattarai，2013）具体分析了城乡居民的工资差异对各自消费模式的影响，认为应该推动非农产业的发展以转移农村剩余劳动力。[19]随着研究的进一步深入，中国农村居民的消费结构引起了更多国外学者的关注。戴维斯（John Davis，2007）根据吉林省农村居民家庭消费的调研数据，探讨农村居民消费结构的具体特征。他从农村家庭食品消费行为出发，将其分为谷物、蔬菜产品、动物产品及其他食物组，发现吉林省农村居民的食品消费结构得到明显优化，动物产品的消费比例快速提高。[20]另外，甘比尼（Alessandro Gambini，2010）指出，中国居民消费未来 10 年有可能成为全球经济增长源泉，由于城市就业机会的增加、妇女就业待遇的改善以及互联网、手机消费的普及，都使农村居民的消费规模快速增加，同时消费结构升级的步伐也在加快。[21]

与上述学者不同，彭靖惠（Jyotsna Jalan，2002）就地理因素对中国农村消费的影响展开分析，他发现农村相邻地区的人力、物力资本对其消费水平至关重要，因此建议中国政府部门加大对西部贫困农村地区的公共投资力度以提升其消费水平。[22]帕森斯（T. Parsons, 2004）与孙涛（2004）的实证分析表明，中国的城市消费者与农村消费者在对待产品的价格、产品品牌以及产品的分类和促销上有截然不同的态度，由此导致农村居民与城市居民在生活消费方面的巨大差异。[23,24]特里（Terry Sicular, 2007）基于1995—2002年中国农村居民的消费数据，分析城乡消费差距的程度及影响因素，研究发现，消费差距与城乡居民的收入水平直接相关，同时地理位置对消费差距影响显著，而教育程度则有助于缩小差距。[25]

二 农民工的消费特征描述

许多学者将居民消费率作为观测宏观经济发展的重要指标，由于中国农民工规模的迅猛扩大，许多国外学者开始将其消费特征作为主要研究对象，他们对城市化进程中流动人口消费问题的研究给予高度关注。随着智能手机在农民工中的普及，克罗（Elisabeth Croll, 2006）与杨克（Ke Yang, 2008）以手机的使用为媒介，试图研究农民工生活方式的变迁，研究表明，由于智能手机价格的大幅下降，手机消费对于农民工而言变得越发频繁，在其消费结构中的比重也更为重要，其背后原因在于农民工在城市缺乏关注及难以融入当地社区等。[26,27]与此同时，埃文·通（Avin Tong, 2008）进一步研究了华南女性农民工的手机消费状况，研究发现，在当前中国社会经历快速变迁的过程中，女性农民工出于社交需要、追求浪漫以及休闲娱乐的需要，都会提高手机消费的水平和比重。[28,29]与前者不同，彭殷妮（Yinni Peng, 2008）将研究视角聚焦于珠三角地区农民工对互联网的消费方面，她指出，在线聊天为农民工提供情感支持、虚拟社区增强其地方认同、在线游戏缓解其工作压力，同时在线搜索又可以为其提供就业机会，因而互联网已成为农民工日常生活消费的一个重要组成部分。[30]

此外，埃尔曼（Erman, 1997）将研究视角聚焦于农民工的住房消费,其研究发现,就农民工住房区域选择而言,偏好农村生活的乡城移民,倾向于选择棚户区等非正式住房构成的移民聚居区;而偏好城市生活的乡城移民,倾向于选择服务和基础设施较好的公寓。[31]另外,也有部分学者关注农民工香烟消费与其生活压力之间的联系。戴维(David Abler, 2010)与罗基特(Ian R. H. Rockett, 2012)以杭州和广州两个城市1595名男性农民工为抽样样本,研究发现,绝大多数农民工在城市的工作压力较大,对未来生活预期不高,其患病率较高,而且对于烟草的消费明显高于其他群体。[32,33,34]最后,罗杰(Roger Yat, 2014)将研究视角聚焦于农民工与城市居民在初级卫生保健的比较方面,研究发现,政府在医生服务态度、等待时间及服务质量等方面,存在一定的农民工歧视,因而建议通过延长开放医院时间、建立社区服务中心以及加强职业道德教育以提升其服务水平。[35]珍娜(Jenna Hennebry, 2015)在对600多名外来农民工的调查基础上,进一步探讨了影响农民工医疗保健消费的因素,结果发现,工作时间、语言差异以及企业调解成为主要障碍。[36]

三 农民工消费的城乡分布

德斯坦(Alice Goldstein, 1984)的研究表明,由于户籍政策的存在,中国城市尤其是大城市很难发生真正的永久性迁移,因而临时性迁移就成为一种常态,而农民工作为临时性迁移的代表性群体,其势必会产生个人与家庭成员的消费空间隔离问题,因而农民工的城乡消费均衡问题就不可避免。[37]林肯戴(Lincoln H. Day, 1999)则以土耳其农民工的日常消费为研究对象,试图厘清农民工与农村家庭消费模式的差异,研究表明,农民工虽然长期在城市生活,但其仍受农村亲朋好友的消费模式的直接影响,其与城市居民相比,短期消费模式很难一致。[38]此外,普伊(Pui-lam Law, 2012)与伦哈特(James M. Leonhardt, 2015)在对1000多名中国农民工访谈的基础上,试图调查清楚农民工在城市的消费习惯,通过使用结构方程模型之后发现，农民工在逐步适应、接受城市的消费习惯，但这是一个长期的过程，需要一定的经济基础和社会资源。[39,40]泰勒（Alison Taylor, 2015）的研究表明，农民工在城市里遭受城市居民的排斥，部分行业对其有歧视，大多数农民工缺乏接受继续教育和培训的机会，很难融入当地社区，而这对农民工的消费模式有显著影响。[41]

另外，哈尔法克里（Keith Halfacree, 2012）将研究视角聚焦于农民工对农村消费的影响，他认为农民工在迁移过程中的"反城市化"倾向会增加其在农村的住房消费。[42]与上述学者不同，赵春宝（2013）探讨了城乡不同的出生地对农民工个人消费模式的影响，研究发现，是亚文化而非出生地对农民工个体的消费习惯、消费伦理及消费行为有决定性影响。[43]部分学者认为，农民工家庭成员收入的一大来源即农民工汇款。萨纳（Mariano Sana, 2005）与梅西（Massey, 2005）使用男性墨西哥移民到美国的数据进行研究，发现农民工汇款与其社会地位及是否融入当地社会密切相关，同时该汇款用途在很大程度上是作为移民支付费用的。[44,45]而贾马尔（Jamal Bouoiyourl, 2015）则重点分析了导致农民工汇款的决定性因素，研究发现，农民工汇款对于农村家庭具有重要意义，汇款决策与个人特征如收入、性别及年龄密切相关，且汇款有利于提高低收入的农村家庭的消费水平和生活水准。[46]

四 农民工消费的影响因素探析

就农民工消费的影响因素而言，贝尔（Daniel Baer, 1984）认为，农村居民的生产空间主要从事农业生产，其生产活动主要是与土地等自然环境打交道；而城市生产则是根据严格的市场理性组织起来的，规则化、标准化是现代城市工业生产体系的重要特征。生活空间的转换，意味着农民工进入城市后，必须理解和认识城市社会的生活方式、生活风格、行为模式、交往规则等。[47]桑德斯（Peter Saunders, 1986）指出，消费能力不完全由个人在生产中的地位所决定，家庭消费能力取决于家庭挣钱能力、享有政府公共服务的权利和自我供给能力三个因素，特别是政府在满足基本消费需求（如住房、教育、医疗、交通等）上的重要性十分凸显。[48]而玛格丽特（Margaret Maurer-Fazio，1990）等人对120家企业的调查发现，和城市职工相比，农民工工作时间长，劳动天数多，农民工的流动性要高于城市职工，收入的"暂时性"显著，而这极大降低了其边际消费倾向。

与上述学者的研究视角不同，坎贝尔和曼昆（Campell and Mankiw，2006）指出由于发展中国家金融市场本身的不完善，流动性约束问题显得尤为突出。一方面因流动性约束减少了消费支出，制约了消费需求；另一方面因增加预防性储蓄而制约消费需求。[49,50,51]而帕克（Park，2010）则进一步指出，受到城市定居预期及价值判断标准等心理因素的影响，对预期在城市做短期停留的农民工而言，他们只愿意用很少的收入来改善住房条件，因此对住房的要求很低；对打算在城市长期居住的农民工而言，更愿意增加城市住房消费的投入比例。[52-55]最后，布劳恩（De Braun A.，2008）指出，农民工的消费、储蓄比例与其个人与家庭消费的安排密切相关。由于户籍和社会保障制度造成农民工生活深受空间隔离的影响：农民工在城市中进行个人自身再生产的消费，现已成为城市低端消费市场的重要组成部分；同时，农民工在农村进行家庭关系再生产的家庭消费，最终出于个人城市消费与家人农村消费的均衡，农民工消费势必分割为城乡消费两大块。[56]

第二节　国内研究

一　消费行为的二元性研究

（一）消费行为的转型与差异

国内学者中，冯桂林和李淋（1997）较早关注农民工消费行为这一研究领域，他们指出，农民工正经历着由农民到工人、从乡村到城市的转变，其消费方式有两大特点：一是单调而高度同质；二是封闭而逐渐开放。农民工消费同时受制于家庭对他的期望和他本人对家庭的责任，消费行为反映了农村社会体系功能维持的文化导向。[57]欧阳力胜（2006）发现，农民工的可支配收入介于城镇居民和农村居民之间，收入的暂时性和较强的流动约束性使农民工的消费倾向大大削弱，使其平均消费倾向均低于城乡居民。[58]严翅君（2007）等学者则将研究范围限定于长三角区域，通过对江苏农民工进行调查研究，发现农民工的消费行为正从保守转向开放、消费结构正从简单转向复杂、消费工具正从传统转向现代、消费心理正从后卫转向前卫。[59,60]

此外，于丽敏（2010）认为，农民工消费行为存在三大特征：一是农民工以一生为跨度来追求效用最大化，其消费安排具有显著的阶段性。二是在其生命的不同阶段中一般都存在一个特定的消费高峰。三是农民工消费行为具有明显的二元性，农民工作为农村居民，他们要参照家乡成员及打工群体的消费方式；同时作为打工一族，又会参照城市居民的消费方式，这种矛盾的处境，构成了农民工消费方式的本质特征，最终导致其消费行为呈现出典型的二元性。[61]而吴文峰和王建琼（2012）则指出，我国农民工的消费行为特征与消费生命周期理论基本一致，农民工并非以一生为跨度来寻求效用最大化，其消费支出安排具有显著的阶段性，在不同阶段存在某一特定消费高峰及对应的储蓄目标。其储蓄主要用于子女教育和赡养老人，并且其边际储蓄倾向随着农民工年龄的增长而变大。[62]

与以上学者对消费行为的研究视角不同，王劲松（2007）重点探讨了农民工在打工城市和农村家乡的消费行为差异，研究结果表明，农民工通过家庭利他主义的消费行为，建构自身的消费观念；通过模仿城市居民的消费模式，寻求社会地位的不断提升。农民工受农村传统消费观念与城市现代生活方式的双重影响，在城市和农村的往返中，经历着社会地位和消费角色的转换，使他们在城市和乡村之间形成不同的消费行为。

(二) 消费行为的代际差异

消费行为二元性根源于消费主体的差异，据国家统计数据显示，2013 年新生代农民工规模已达 1.56 亿人，占城镇从业人口的 1/3 左右，其已逐步成为外出农民工的构成主体。而新生代农民工的消费行为与传统农民工无疑具有显著差异，因此研究不同主体间消费行为的代际差异成为消费行为二元性的一大研究内容。唐有财（2009）指出，新生代农民工消费呈现为双重的消费策略，一方面，新生代农民工努力在城市消费，以实现身份认同并试图融入城市；另一方面，又尽可能储蓄以汇钱回家。这种策略是与现有制度博弈的结果。[63] 此后，田圣炳（2011）认为，农民工消费的代际更替越发明显，新生代农民工的消费行为表现为，边际消费倾向居高不下、品牌意识初步形成、消费行为的从众效应显著和通信与上网支出比重提高等特征。

另外，吴祁（2012）、卢晖临（2014）等从定量角度分析新生代农民工消费行为的基本情况、特点及影响因素，其研究表明：与老一代农民工相比，新生代农民工消费理念中的传统与时尚元素并存；用于自我能力提升和人际网络构建的消费比重攀升；消费方式呈多元化并出现群体分化；群体性因素、婚姻及人生规划对新生代农民工消费行为有着重要影响。[64] 最后，金晓彤（2013）、李杨（2014）与崔宏静（2015）以大量的调研问卷为基础，从消费—储蓄比例、消费结构、人力资本投入等视角对新生代农民工消费的区域差异展开具体分析。[65,66]

(三) 消费行为与身份认同

国内学者近年来更多地从身份认同的视角研究农民工的消费问题，周芸（2007）关注符号消费与农民工城市身份建构的关系，研究发现，山寨手机满足了青年农民工体验城市人身份的需要，但城市同龄人对山寨手机的不同解读为青年农民工建构城市身份设置了障碍。[67-69] 另外，纪江明（2013）、钱文荣（2013）与叶俊涛（2014）等指出，从个人意愿来看，新生代农民工在职业、收入和教育提升的基础上，试图通过消费方式转型来实现自我认同，模仿城市居民消费习惯，但由于受到个人收入水平及未来预期不确定性和城乡二元体制等影响，使其无法获得新市民身份的认同，继续维持城市"边缘人"的地位。[70-72] 最后，李培林（2010）、闫超（2012）、汪丽萍（2013）与金晓彤（2014）将新生代农民工春节返乡时的炫耀性消费与社会认同建构路径相联系，在对比外显性炫耀与内隐性积累文化消费的两种路径之后，主张应通过教育型文化消费推动农民工的社会认同。[73-76]

（四）消费行为与城市融入

许多学者将流动人口消费视为融入社会的关键指标，因此，城市融入成为研究农民工消费行为变迁的另一视角，朱力（2002）等指出，农民工的城市适应包括经济、社会和心理层面三个递进层次，而当前农民工的适应仅仅停留在经济层面，政策性与制度性因素阻碍了其城市融入，严格限制了其消费行为。[77-79] 此后，赵萌萌（2012）、韩俊（2013）、方向新（2014）等以武汉市农民工调研数据为基础，对该区域农民工住房消费方式与城市融入间的关系展开具体分析。实证结果表明，相对于工棚、生产场所和集体宿舍来说，租房和拥有自己住房的农民工完全融入城市的概率更大；其与家人共同居住比单独居住融合概率更高。[80-82] 最后，蔡昉（2001）、李伟（2014）与俞林伟（2014）等的研究表明，农民工生活消费的边缘化特征较为显著，社会保障、医疗服务与子女教育对其生活满意度有较大影响，农民工城市融入进程比较缓慢，导致生活空间和社会交往呈现隔离化等特征，最终对其消费行为产生重大影响。[83,84]

二 消费结构的二元性研究

钱雪飞（2003）认为，消费在农民工收入中的比重较高，农民工消费水平虽处于城市底层但自我满意度较高，农民工消费水平出现分化，消费结构具体表现为恩格尔系数失灵、储蓄倾向偏高、边际消费倾向低、人情交际支出所占比重偏大、教育培训支出不足、汇款比例畸高等特征。[85]于丽敏（2010）通过调研发现，农民工的收入虽然较之农村有所改善，但在城市中仍属于偏下水平，生活质量低下，其消费主要以满足生存需要为主，消费结构也表现出单调而高度同质的特点，最终成为城市低端消费的重要组成部分。[86]另外，李凯和曹国忠（2012）的研究表明，农民工的消费结构呈现出层次低、生存消费比重高，高层次消费受抑制等特征，[87]而粟娟和孔祥利（2013）则利用ELES方法将农民工的消费结构与城市居民相比较，研究发现，食物、服装、子女教育以及人情开支消费需求弹性比市民大，而教育与娱乐消费份额偏低，医疗、住房消费倾向小，但住房支出的价格弹性大，农民工消费结构有市民化的发展趋势。与上述研究不同，李海峰（2008）等学者关注农民工消费结构的城乡差异，研究发现，农民工在城市的消费以食品和房租支出为主；在农村，农民工消费则主要以食品、子女教育和人情交际费用为主。而且，农民工在城市和农村的消费支出比例接近于2∶1。[88]

三 个人与家庭成员的消费均衡研究

农民工进入城市后，势必会面临个人与家庭成员消费的均衡问题，因此其消费流向包括个人城市消费和家庭成员农村消费两大方向，而汇款是农民工家庭消费的中介和来源，因此，农民工汇款在解决其消费均衡方面具有重要意义。在这一领域，李强（2001）的研究表明，我国农民工汇款在其收入中占有较高比例，而且汇款比例也高于其他国家，农民工汇款会促进农村消费的增长，也有利于缩小城乡居民的消费差距，而举家外出对农民工汇款行为有深刻影响。[89]而胡枫和王其文（2007）进一步指出，农民工的打工收入、配偶是否留在家乡、退休后是否返乡、农村家庭收入水平、农村耕地数量以及农民工的年龄对汇款量具有显著的正向影响；而农民工的转移成本、全家一起外出打工、有失业经历以及没有接受过大学教育对汇款量具有显著的负向影响。[90]

在农民工汇款是否促进农村家庭消费这一研究方向，王美艳（2012）的研究具有代表性，她在江苏和安徽农户调查数据分析的基础上得出，收到汇款的农户家庭食品和衣着等当前消费支出显著增加，而对投资性支出的影响不是很明显；贫困地区家庭主要将汇款用作当前消费，而非贫困地区家庭则更多地将汇款用作消费型投资。[91]此外，余晓敏和潘毅（2008）、王子成（2012）进一步指出，不论是流向农村的汇款还是在城市的自身消费，都要以工资为支撑。她把工资支出分为个人消费和家庭消费两大类，农民工的生活深受空间隔离的影响：生产在城市，而再生产的核心在农村。农民工在城市中进行个人自身再生产的消费，而在农村进行家庭关系再生产的家庭消费。造成这一双重的空间隔离的重要原因是户籍制度、社会保障制度等多项国家制度安排，而市场利用了这些制度安排，推动和扩大了这种隔离。[92,93]

四 城乡消费二元分布的社会影响

王曼（2005）对北京的农民工进行分析后发现，早期农民工个人到京打工挣钱的多，而拖家带口的少，由于收入极其不稳定，打工这种暂时性收入比重的提高只会降低农民工消费倾向。在其收入既定的情况下，消费倾向偏低，而储蓄倾向提高，这种行为选择对北京市场和其家乡经济均产生影响。[94]而刘金星和赵学梅（2013）则主要关注大批农村年轻劳动力进城后引起农村经济发展停滞这一"过疏化"现象，而农村社会的瓦解和重构势必会造成农民工消费面临公共品缺失、预防性储蓄增加以及制度不公等困境，他们指出，如果不关注农民工未来流向，对中国城乡一体化的长远发展极为不利。[95]

此外，周晓鸣和周小娟（2013）将研究视角聚焦于返乡后的老一代农民工，其研究表明这一群体面临着生活水平不高、风险抵御能力偏弱等困境。除了返乡后短期收入下降外，他们更将其归因于长期以来的制度缺陷,即造成传统农民工生存、发展能力的制度贫困。[96,97]最后,钱文荣(2011)与卢海洋(2014)等较系统地分析了农民工进城务工对农村留守老人生活消费及农业生产的影响。他们的研究结果表明,就农村生产而言,农民工汇款和劳动力流失分别对其产生积极和消极影响,但后者影响更为显著,导致农业生产效率下降,农业投资减少,不利于农业的长期发展;而对农村留守老人的生活消费来说,子女外出务工提升了留守老人的物质消费水平,但留守老人的家务负担有所增加,而子女的就近择业有助于留守老人生活消费满意度的提升。[98]

五 城乡消费二元分布的成因分析

(一) 以户籍制度为核心的城乡二元体制

国内学者中,谭深和张兴华对此方向的研究较早,谭深(1998)根据对农民工的调研发现,农民工承受着超负荷的工作时间、过高的劳动强度和恶劣的工作环境,农民工工资水平低于城市最低标准且增长缓慢,其收入既要维持本人生存又要照顾家人,因此他们不得不将消费需求压缩到最低的限度,这是导致农民工城市消费结构简单而原始的根本原因。[99]张兴华(1999)基于北京与广东两地690名农民工消费的调查发现,由于计划经济体制遗留下的城乡二元结构固化,导致农民工在城市就业面临多重限制,而生存环境的恶化必然导致工作和收入不稳定,最终消费倾向降低,需求规模缩小。[100]此后,蔡志海(2002)等认为:农民工在城市中更多属于一个生产者而非消费者,农民工在城市中从事着最艰辛的劳动,却获得微薄的收入;而且在城市中处于边缘地位,他们本身对这种生存状态很不满意。[101,102]钱雪飞(2003)则将范围聚焦于南京市农民工,研究发现,该城市农民工的消费在收入中所占比重较高;消费水平处于城市底层但自我满意度较高;农民工消费水平出现分化。尤为重要的是,低收入、非福利、务工目的以及农民工与农村的稳定密切关系都会对农民工消费水平有所影响。[103]

与上述学者研究的视角不同,周林刚和张利痒(2007)等重点探讨了有关农民工的制度性歧视问题,其研究发现,制度障碍和身份区隔始终是制约农民工集体消费的深层因素,在生产领域中,农民工不能与市民"同工同酬";在消费领域,他们又被置于集体消费的边缘,对农民工的制度性歧视从生产领域拓展到了集体消费领域。[104-108]褚荣伟(2011)与周凤(2012)进一步指出,农民工消费决定于"经济效应"和"身份效应"两种机制,经济效应体现在收入水平较低,从而在私人消费领域趋于弱势地位。身份效应则是指在中国特殊的社会背景下,农民工无法享受因为户籍而带来的福利消费。[109,110]中国的户籍制度产生了基于福利制度的消费分层,使得农民工的福利消费比重可能超越私人消费的比重,从而必须从市场上购买这种商品和服务,因此能够用于传统私人消费领域的可支配收入将减少,从而进一步加剧了"经济效应"。农民工难以获得城市公共产品和公共服务,是其消费水平低下的根本原因。[111]

(二)基础设施投资的"市民偏好"倾向

张军(2007)将研究视角聚焦于基础设施投资方面,他指出,由于农民工所需的基础设施投资具有很高的投资收益,能充分实现城市发展中的集聚效应,并有助于改善农民工进城的物质条件,减少农民工对公共产品过多的个人支付,增加就业岗位,促进农民工在城市定居,从而提升其人力资本水平,提高其持续消费的能力。但是,当前政府的基础设施投资多倾向于建设形象工程、政绩工程以及铁路、机场等传统领域基础设施,农民工所需的民生类等设施被严重忽视。[112]

此外,李英东(2011)的研究发现,上亿农民工在城市就业生活所需的基础设施严重短缺,城市公共产品和社会福利的缺失造成农民工在城市面临比市民更高的医疗、子女教育、住房、迁徙等费用,最终限制其消费能力的进一步提升。[113]最后,孔祥利(2013)在系统梳理了城乡居民消费差异的基础之上指出,国家发展战略的"重投资、轻消费"导向、社会固定投资的"重城镇、轻农村"倾向以及城市化进程中的城乡人口变迁等因素,最终使农民工形成了"城市打工、回家置业"的消费模式。

(三) 非正式移民及家庭流动模式的影响

李强(2003)分析了农民工移民预期对其消费二元性的影响,其研究发现,以户籍制度为核心的城乡二元体制形成了农民工消费独有的"生命周期",即年轻时进城打工,年老时回家务农;永久移民的安置模式和暂时移民的返回模式使农民工分化成留城和返乡两大群体,最终形成两种不同的生存策略及消费行为。文军(2005)则从农民工非正式移民进程的不同阶段出发,他指出,与通过毕业分配、工作调动和财富投资等正规规渠道而移民到城市的人不同,农民工属于非正式的劳动力移民,其移民过程可分为外出打工、移民定居、家庭团聚和争取社会权利四个阶段,农民工在不同的阶段消费方式有所差异。

另外,李晓峰(2008)与孙凤(2013)的研究表明,农民工消费的暂时性、维持性和最小化的本质决定了他们的消费行为和结构。举家进城的成本过高,使农民工形成"在城务工、回乡消费"的模式,决定了其消费带有暂时性和短期性的特征;由于社会保障的缺乏和城市非正规部门就业的临时性,都极大地降低了他们的消费倾向;另外,农民工的社会关系几乎都在农村,难以融入城市生活,本地城市居民的"示范效应"对他们所起的作用极其有限。[114-116]此后,刘靖(2013)研究了农民工家庭流动模式对其消费的影响,主要包括农民工单独进城、家庭部分人口进城和举家进城三种模式,研究结果表明:家庭迁移模式已逐步成为外出务工的主流;个体的转移支付高于家庭层面,而非举家迁移对老家的转移支付又高于举家迁移的家庭;家庭迁移者在子女教育及居住方面消费较高,对于保险的需求也大于个体务工者。[117]

(四) 个人、经济及社会的三维约束

钱文荣（2013，2014）分析了不确定性视角下农民工消费的影响因素，以缓冲存货模型为基础，引入市民化因素及扩展不确定性内涵，着重考察农民工收入与支出不确定性对其消费的影响，研究表明，解决农民工消费二元性，释放其消费潜力的基本思路应该有所转换，即从提高收入扩展至降低不确定性。[118,119] 王宁（2005）与汪佳佳（2014）先后从消费文化等社会学视角分析农民工在城市和农村不同地区的"两栖消费"现象，其研究发现，在城乡流动机制的大背景下，由于体制分割及制度不健全，大部分农民工在城市难以提升社会地位，仍将自身定位为农村居民，返回农村构成其未来生活预期，因而通过农村的炫耀性消费以补偿城市社会的身份缺失，最终呈现出城市抑制消费和农村炫耀消费并存的独特现象。[120-122] 与上述学者的研究思路不同，孔祥利和粟娟（2013，2014）以全国28省区1860份农民工消费调研数据为依据，研究发现，农民工的工资收入直接影响了其即期支出；农民工子女的义务教育、住房和医疗保障构成社会约束条件；农民工由于其工作岗位、婚姻状况及迁移方式等特征构成独特的"第三元"消费特征。最终，农民工消费二元性受到经济、社会以及个人三维条件的约束。[123] 而陈春（2011）与黄振华（2013）重点研究了农民工住房消费与社会保障之间的关系，研究发现，当前不完善的社会保障直接导致农民工的预防性储蓄增加，进而对其城市住房的消费决策产生决定性影响。[124,125]

第三节 研究述评

不难发现，西方消费理论的研究取得了极其丰硕的成果，其构建的消费函数能较好地解释西方居民的消费行为，也为我们研究中国农民工消费问题提供了基本的理论借鉴和分析工具。令人感到欣慰的是，近10年来，研究中国农民工消费的西方学者人数开始有所增加，

第二章 消费二元性的研究综述

围绕着我国农民工的消费特征、消费结构以及城乡消费分布等方向展开了初步分析,也取得了一定成果。但也应该看到,中国农民工消费问题完全没有进入到西方学者的研究主流,其现有分析更多属于个案研究,欠缺系统性分析,因此也就很难取得重大进展。更为重要的是,西方消费理论多以完备的市场经济为假设,同时又以本国居民的消费特征作为微观基础,而我国由于社会背景、消费主体、经济发展阶段、传统消费文化以及市场环境等方面的中西差异,易引起经典理论的"水土不服"。我们对农民工消费文献进行简单梳理后发现,农民工消费横跨了经济学、社会学和心理学三大学科,其研究视角经历了"生产工具"到"消费主体"的转向,现就其研究不足评述如下。

一 消费函数的中国化进程缓慢

与国外注重消费函数的基础理论拓展不同,国内学者多倾向于对西方消费函数的检验和应用,将消费函数与我国农民工消费数据相结合展开实证分析,因此原创性的成果并不多见。通过对现有文献的梳理我们发现,国内学者中,臧旭恒、余永定和朱信凯等人在构建我国农村居民的消费函数方面做了开拓性的研究,具有较强的创新意义和理论价值。[126-128] 但是,大多数研究仍停留在对西方消费函数的验证和应用方面,研究范式单一,一般多以西方某消费假说为基础,结合统计年鉴中农村居民的消费数据,使用西方消费函数及对应模型进行实证分析,最后提出自己的对策建议。这些研究从某个视角上可以解释农民工的消费特征,但是,变更方法或样本数据后可能会得出相反的结论。在当前城镇消费升级受阻和产能普遍过剩的背景下,城镇化引起的农村变迁、农民工带来的人口迁徙、互联网引发的消费工具革新以及全球信息化导致的消费伦理转型,都为我们构建消费函数提供了很好的素材,国内学者应以此为契机,尝试构建中国农民工的消费函数。而消费函数的研究范式、基础消费理论的拓展以及消费主体、区域差异等变量的内生化都可能成为未来研究的重要方向。

二 缺乏数据支撑且研究范式单一

农民工消费研究的一大困难在于消费数据的匮乏。近年来，国家统计局等机构开始关注农民工的规模、年龄、教育和就业状况等数据的调研与收集。与城乡居民拥有规范统一口径的消费数据不同，到目前为止，依然缺乏农民工消费的官方统计数据，这就导致现有研究多以自身调研统计为主，其研究结果极易受到样本空间和调研区域的限制，从而使很多研究结论具有很大的局限性。此外，现有研究更多停留在基于某一样本数据的静态分析，缺乏消费结构的动态演进和横向比较，多数研究具有极大的趋同性，即数据来源趋同、解释因素趋同、研究方法趋同、策略建议趋同。因此，当前研究应摆脱单一的研究范式，以现有的农村消费问题为导向，以厘清农村居民的消费特征为核心，以科学合理的计量模型与客观真实的样本数据为基础，注重研究方法的合理性，完善"社会—心理—文化—行为"的分析框架，关注工资性收入比重提高、农民工消费的示范效应以及手机移动互联网带来的消费工具更新等因素的影响。

三 消费市场的细分研究不够深入

当前国内学者多从年龄角度探讨农民工消费的代际差异，聚焦于新生代农民工与传统农民工的消费差异；也有部分学者以收入水平为标准去细分农民工群体，研究不同收入群体的消费特征。事实上，我国不同地区的农村资源禀赋、经济发展阶段、收入水平及来源构成、市场完善程度、消费伦理观念都存在很大差异，尤其是东、西部地区农村消费差异极大，因此有必要进一步细化当前的区域差异研究。因此，应具体做好东、中、西部地区及一线、二线和三线城市农民工消费的区域差异，以厘清不同省份之间农民工的消费差异和把握不同规模城市下农民工的消费规律。另外，就行业细分而言，当前国内企业更为关注农民工消费市场的行业细分研究。据当前学者研究显示，国内农民工主要集中于建筑业、运输业、餐饮业及商业，由于文化水平的差异，农民工在辅工、技工、服务业和业务员等不同岗位就业，而不同行业及岗位对农民工的收入和闲暇时间都有直接影响。因此，研究不同产业、岗位间的农民工消费差异就很有必要，后续研究可关注细分市场以形成收入、区域、行业、岗位、文化等多元化的农民工消费体系。

四 消费主体的比较研究尤为稀缺

我国居民消费的研究对象历经了城镇居民、农村居民和农民工三大消费主体的变迁，由于国外居民消费的研究范式和国内农民工消费数据的欠缺，国内学者对城乡居民各自的消费结构及影响因素做了大量研究，现有比较研究更多地涉及城乡居民两大消费主体，国内学界在城乡居民的消费行为、消费结构和消费环境方面进行了大量研究，在城乡居民消费研究方面达成了一定共识，即与城镇居民和政府消费相比，农村居民在全国的消费地位显著下降，城乡居民消费差距的扩大趋势短期难以扭转。但是，与西方消费主体的城乡"二元"划分不同，我国除了城镇居民和农村居民外，还有第三大消费主体，即2.6亿规模的农民工。由于受困于农民工消费样本数据的获取限制及国外消费研究范式的影响，农村居民与农民工的消费关联以及三大消费主体的比较研究目前仍属于理论空白，即使有个别学者涉及，也仅停留在对消费水平的直接描述和简单的定性分析上。因此，后续研究可持续关注农民工与城乡居民在消费环境、消费行为和消费结构等方面的比较研究，尝试构建"市民—农民工—农民"的消费引导机制。

五 农民工消费二元性的研究欠缺系统

由于当前国内以户籍制度为核心的一系列制度安排，出现了农民工个人与家庭成员消费的空间分隔，农民工需要处理好个人与家庭消费的平衡问题，这就表现为农民工个人城市消费与家庭成员的农村消费同时并存。目前，国内研究农民工消费的学者较多，涉及农民工消费水平、消费结构、消费倾向及影响因素诸多方面，但直接研究农民工消费二元性的学者较少，仅有于丽敏等学者简单涉及，相关研究主要围绕着农民工在城市和农村地区不同的消费行为及消费水平差异等方面，仅分析了农民工消费行为在城市与农村地区的不同，以及农民工城乡消费结构的简单统计描述，而对于农民工消费二元性的定义、内涵外延、影响因素及社会效应都欠缺深入而系统的分析。

上述国内研究的诸多缺陷为笔者研究提供了很大空间，也使本书的研究工作理论贡献意义凸显。后续研究可聚焦于以下研究方向：通过大量的调查问卷并统计分析，研究在城乡迥异的消费环境下，农民工消费的个人与家庭支出比例；农民工在城镇与在农村的消费规模对比；农民工的城乡消费结构差异及影响因素；农民工消费的二元性对打工城市和农村家乡的影响；农民工消费二元性的发展趋势；等等。总之，需要对农民工城乡消费二元性的现状、形成机理和社会效应展开系统研究。

本章小结

本章以农民工城乡消费二元性为核心线索梳理国内外相关文献，就当前国外研究来看，外国学者更多地研究剩余劳动力迁移对消费造成的影响，具体研究中国农民工消费的不多，研究消费二元性的学者就更为稀缺。而国内研究农民工消费的文献近10年来非常多，但众多学者更多停留在统计描述分析阶段，分析深度不够；而且，对于农民工消费二元性也仅有个别学者简单涉及，对于消费二元性的定义、内涵外延、形成机理及社会效应都欠缺系统性分析，这些为本书研究提供了很大空间，也使本书的研究工作理论贡献意义凸显。

第三章

消费二元性的特征分析

在对农民工消费二元性的概念进行界定及对现有文献进行梳理之后,我们有必要对消费二元性的具体特征展开分析。本章首先对农民工消费的总体特征展开分析,进而将其与城镇居民及农村居民对比,以厘清农民工具体的消费特征。在此基础上,以国内外学者的前期研究为依据,结合《中国统计年鉴》及《中国农民工监测报告》,同时通过调查问卷获得第一手资料,最终从农民工收入的城乡分割、消费的城乡分布、城乡迥异环境下的消费水平变化、消费结构的城乡差异及城乡"两栖消费"行为五个视角出发,对城乡二元性的具体特征展开分析。

第一节 农民工消费的总体特征分析

一 消费与储蓄

据调查问卷显示,2013 年我国农民工每月人均生活消费达到 1208 元,与此对应,其当月储蓄达到 424 元的规模。[①] 在农民工储蓄

[①] 本章中使用的农民工消费数据(除标注来源外)皆来源于国家社科基金项目"城乡消费差异对农民市民化效应研究"课题组进行的调研活动。本课题组组织陕西师范大学、西安石油大学 60 名在校学生,利用 2013 年寒假返乡期间对农村地区进行入户调查。本次调研共计发放问卷 1400 份,回收 1285 份,回收率为 91.78%,经过本课题组的逻辑审查、经验判断及抽样检验,确认有效问卷为 1071 份,有效率为 83.35%。问卷详细信息可参考表 5.1、表 5.2。

目的的调查中，子女教育、购房及防病养老成为农民工三大储蓄动机，见图3.1。在与农民工进行入户访谈中我们发现，子女教育成为农民工当前颇为关注的一大问题，无论是留守儿童的教育还是农民工子女在城市的"上学难"等现象，都迫使农民工进行强制性储蓄，以提升其下一代人力资本。另外，购房办喜事成为农民工储蓄的另一大目的。由于我国农村地区"先买房，后结婚"等传统消费风俗根深蒂固，加之城市房价节节走高的趋势，为了给子女结婚购房，农民工势必大幅缩减当前消费规模，最终形成"攒钱办大事"的消费模式。最后，我国城镇社会保障并未将农民工纳入到其体系当中，防病养老势必会大幅增加农民工的预防性储蓄水平。

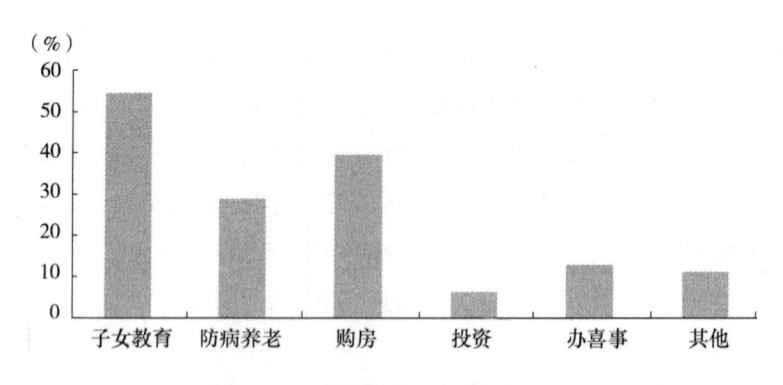

图 3.1 2013 年农民工储蓄目的占比

二 消费结构简析

就当前农民工消费结构而言，在农民工月均 1208 元的生活消费支出项目中，食物、子女教育、服装、居住以及人情消费等项目位居前五位，食物消费月均 362 元，占比为 29%（见图 3.2）；农民工子女教育支出月均 201 元，占比高达 16%，仅次于食物支出。这说明虽然出台了义务教育的相关政策，但无论是在留守农村还是在打工城市，该问题始终未得到有效解决。同时我们可以看出，农民工的衣着支出比例高于农村居民，居住支出位于城镇居民和农村居民之间，这应该与其受到城市居民消费的示范效应有关。另外，农民工的人情消费开支月均104元，在其消费支出项目中位居第五，这说明农民工虽然在城市生活、工作，但其人际关系、社交网络仍以农村血缘、亲友关系为主。最后，值得我们注意的是，农民工的医保支出比例仅为3.7%，远低于城乡居民6.2%和9.3%的水平，这反映了农民工在城市医疗保障消费的观望与拖延心理，同时也证明了政府在农民工医疗保障的公共产品服务方面的制度缺失。

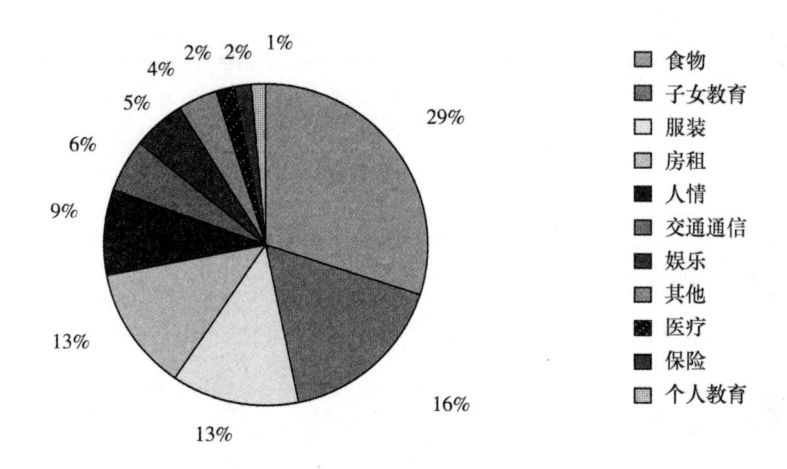

图3.2 2013年农民工消费结构项目占比

三 基本消费需求分析

（一）食物消费

民以食为天，食物消费在农民工的消费支出项目中居首，占到29%的份额，根据恩格尔的统计规律，食品消费支出的比例越高，意味着个人或家庭的生活水平越低，即恩格尔系数与收入水平呈负相关关系。通过表3.1不难发现，与城乡居民35%和37.7%的恩格尔系数相比，农民工的恩格尔系数竟然最低，是否意味着农民工的收入水平反而要高于城镇居民？其实，农民工消费的"恩格尔系数悖论"这一现象，本质上还是与其"单调而高度重复"的消费模式相关，农民工的可支配收入介于城乡居民之间，但其收入的暂时性、较强的流动约束性、社会保障的缺乏性及非正规部门就业临时性都使农民工的消费行为表现为暂时性、维持性和最小化消费等特征，在食物消费方面就形成"能省则省，吃饱就行"的消费观念，最终养成尽量地压缩、降低食物开支的消费习惯。

表 3.1　　　　2013 年农民工与城乡居民恩格尔系数对比　　　　单位:%

类别	农民工	城镇居民	农村居民
恩格尔系数	29	35	37.7

资料来源：农民工数据来源于本次调研问卷，而城乡居民数据来源于《2014 年中国统计年鉴》。

同时，我们也可以从另一个视角来分析农民工食物消费的质量。从图 3.3 中不难发现，在农民工外出就餐的调查中，仅有 12% 的农民工经常外出就餐，从不外出就餐的农民工占比 20%，68% 的农民工表示偶尔外出就餐。这就说明绝大部分农民工只在本单位就餐或自己做饭，对于去饭馆、酒店就餐还是"望而生畏"。

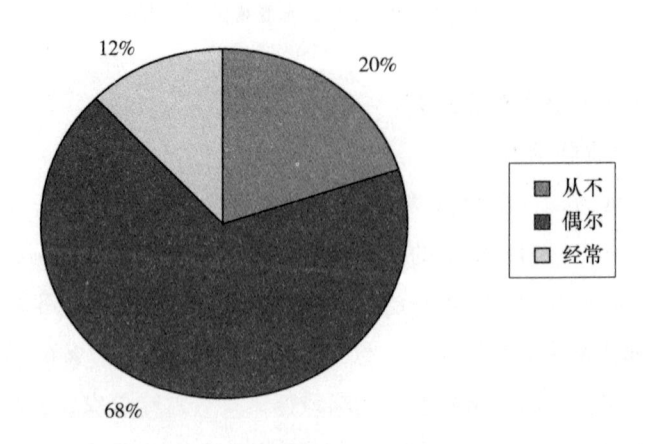

图 3.3　2013 年农民工外出就餐状况

(二) 居住消费

作为农民工主要的消费项目之一，居住消费支出对于农民工有着重要意义。在对农民工居住消费的调查中，29%的农民工在单位宿舍居住，27%的农民工自己租房居住，21%的农民工与他人合租住房，另外在工地工棚居住的也占到15%，见图3.4。值得注意的是，有8%的农民工在城市自己购买房屋居住。

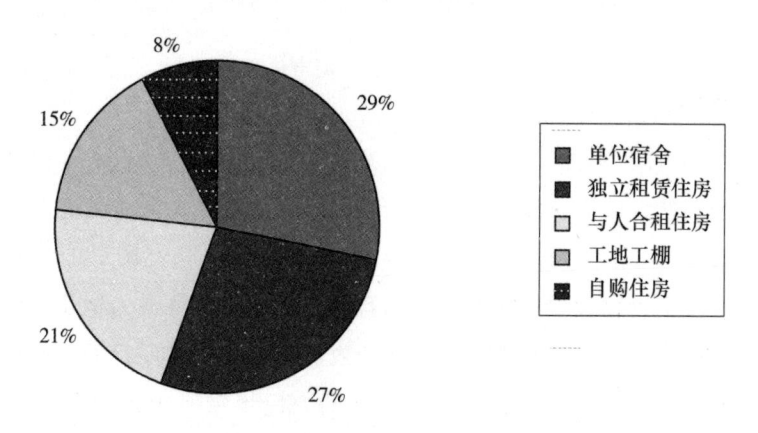

图 3.4 2013 年农民工城市住房状况

另外，在对农民工住房面积的调查中我们发现，绝大部分农民工的住房面积在90平方米以下（见图3.5），有高达42%的农民工的住房面积小于50平方米，而居住面积在50~90平方米之间的农民工则有36%，因而我们不难发现，现有农民工的人均住房面积偏小，还有很大的提升空间。最后，在对农民工城市住房选址考虑条件的调查表明，交通便利成为农民工租（购）房考虑的第一要素，而周边是否有学校次之，同时我们发现，农民工对居住周边是否有高档商场和健身会所并不在意，但相当比例的农民工已开始对能否获得房屋贷款比较关注，这表明部分农民工对购房的按揭消费具有一定需求。

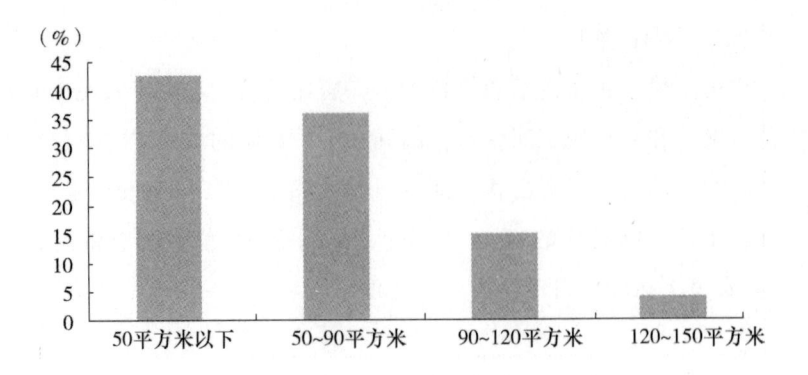

图 3.5　2013 年农民工城市住房面积

（三）子女教育

子女教育成为农民最为关注的话题之一，据本次调研问卷数据显示，2013 年农民工子女教育月均开支为 201 元，在农民工的消费结构中仅次于食物消费位居第二，而且成为农民工群体最为迫切的消费项目。更重要的是，子女教育也成为农民工储蓄的首要目的。通过调研我们发现，在所调查的有子女上学的农民工家庭中，已有 71% 的农民工子女随父母在打工城市学校就读，其中 62% 的农民工子女在城市公办学校就读，9% 的选择在城市民办学校就读（见图 3.6），这说明农民工已经认识到，城市的教育资源相对于农村地区更为优越，也愿意尽可能地为子女提供一个较好的教育环境。同时，我们也应注意到，有 13% 的农民工子女在农村老家学校上学，这部分留守子女一般年龄较小，多处于幼儿园上学阶段，更多地由其母亲或爷爷奶奶照料。通过访谈我们发现，农民工对留守子女的教育非常关注，一般多计划在小学阶段把孩子接送至城市就读。需要指出的是，城市之间以及城市内部的教育资源分布也很不均衡，大中城市与小城市，省会城市与地、县级城市之间教育资源参差不齐。以笔者所在的西安市为例，西安有所谓西工大附中、高新一中、西铁一中、交大附中和师大附中"五大名校"之说，农民工子女进入五大名校就读的概率非常小。

第三章 消费二元性的特征分析

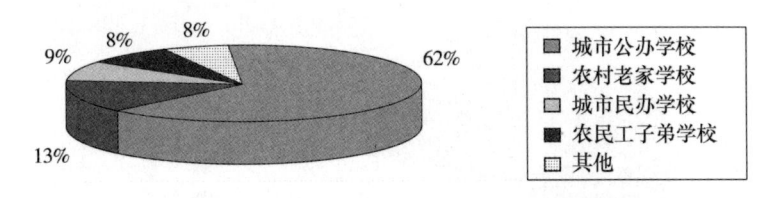

图 3.6 2013 年农民工子女上学状况

（四）交通消费

就农民工在打工地的交通工具而言，由于多数农民工在打工单位或附近居住，因此 48% 的农民工日常以步行上班，住得较远的农民工其上班方式主要有两种，即骑自行车和坐公交车，两者的比例分别为 23% 和 26%（见图 3.7），另外还有极少数农民工居住较远，由打工单位提供公车接送上下班。不难看出，多数农民工由于其住得离打工单位较近，交通消费占其消费支出比例较低，其交通消费支出更多地用于春节期间的进城、返乡消费。另外，仅有 37.8% 的受访农民工表示其已办理公交卡，这就意味着大部分农民工在日常工作中对公交车这一交通工具的使用较少。而且，在已办理公交卡的农民工中，真正经常使用公交卡的人数也就不到 40%（见图 3.8）。所以，就当前农民工交通消费支出而言，其交通工具以自行车和公交车为主，其交通消费支出多用于城乡往返等探亲费用。

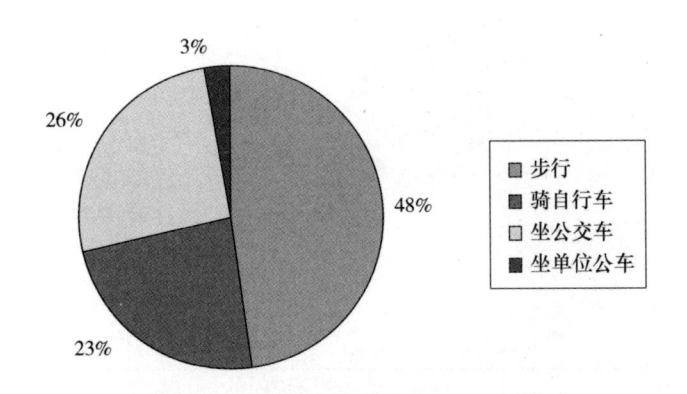

图 3.7 农民工日常上班交通工具一览

· 45 ·

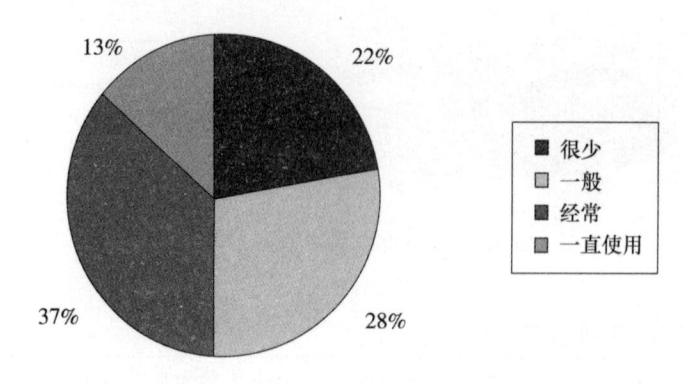

图 3.8　农民工公交卡使用频率

（五）互联网消费

归功于我国智能手机的普及，今天多数农民工已学会用手机上网，因此手机互联网消费也成为其消费支出的重要组成部分。在对农民工每周上网时间的访谈中我们发现，每天上网不超过 1 小时的农民工比例达到 28%（见图 3.9），这说明有部分农民工，尤其是传统型农民工多使用功能型手机，并不经常上网。同时也有高达 27% 的农民工每天上网时间在 3~4 小时，而每天上 4 小时以上网的农民工也有 24%。另外，我们对农民工的上网目的进一步展开

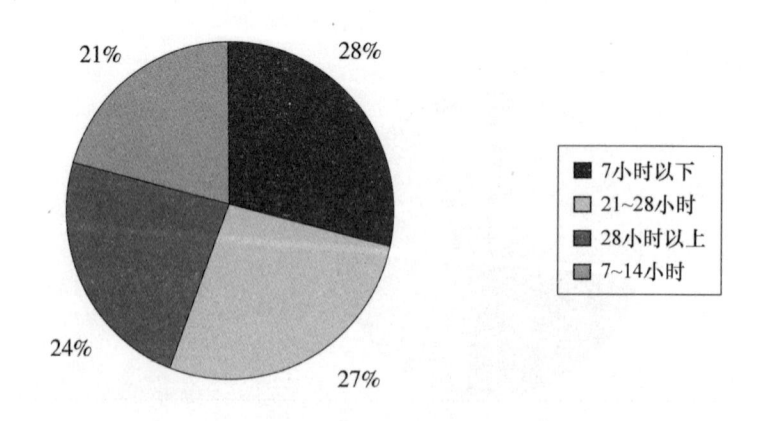

图 3.9　2013 年农民工每周上网时间排名

分析，调查表明，大部分农民工上网主要以看新闻、学习、玩游戏和看电影为主（见图3.10），仅有12%的农民工有过网上购物的经历，而这一群体主要集中于80后、90后等新生代农民工。因此，从总体来看，当前我国农民工通过智能手机进入互联网仍有较大的提升空间，尤其是在网上消费这一领域，随着新生代农民工比重的提高，再加上互联网厂商如京东、天猫及唯品会对农民工消费群体的重视，农民工的网上消费比重会持续上升。

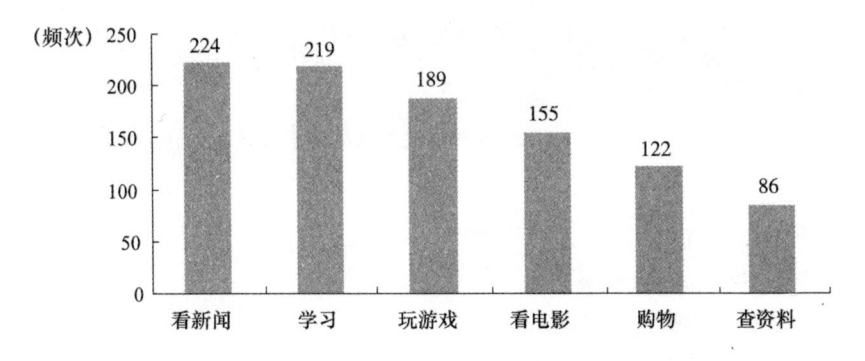

图3.10 2013年农民工上网目的排名

（频次）看新闻 224、学习 219、玩游戏 189、看电影 155、购物 122、查资料 86

四 休闲消费支出分析

除了基本消费需求之外，休闲消费体现了个人的消费层次和水准，而且本身也为个体的可持续发展提供保障。就休闲消费而言，多数农民工将看电视、打牌打麻将、上网作为主要的消费项目。其中，空闲时间看电视成为多数农民工的第一选项，而逛街游玩、睡觉的选项也较多（见图3.11），这可能与电视成本的下降和农民工日常空闲时间较少有一定关系。从图3.11中不难发现，农民工休闲消费中的KTV、学习培训、健身等支出项目较少，这与城镇居民休闲消费支出项目有较大差异。另外，在影响农民工休闲消费的具体原因上，经济因素和空闲时间成为两大主要因素，在1070份有效问卷中，两者的选项分别是739和554（见图3.12），这说明，收入水平对农民工的休闲消费依然有着决定性影响，空闲时间也成为其休闲消费的一个重要因素。

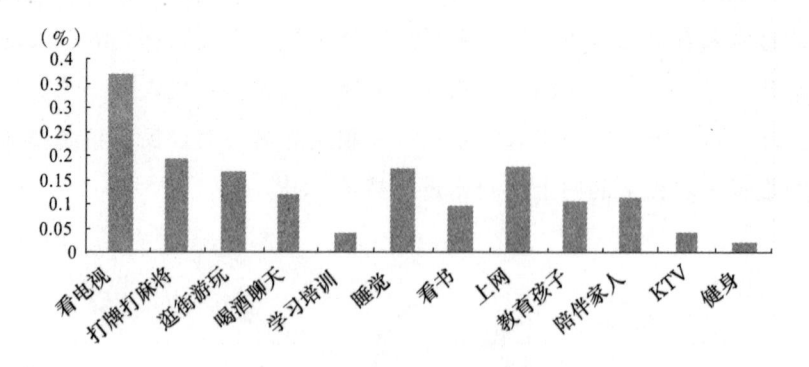

图 3.11　2013 年农民工休闲娱乐状况

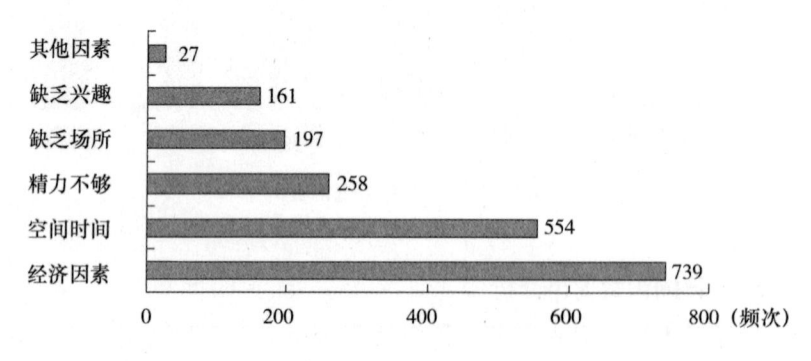

图 3.12　2013 年农民工休闲娱乐制约因素

五　消费态度分析

消费态度反映人们从事某项消费活动前的心理倾向，具有一定的稳定性，其对消费决策行为有着直接影响，本书基于农民工在吃、穿、住、行等基本消费项目及子女教育、城市消费方式等方面设计了10 道题目（见表 3.2），以测试其消费态度。首先，在吃、穿、住、行等基本消费项目方面，农民工的暂时性及维持性特征非常明显。有37.1% 的农民工认为吃饭凑合不饿就行，有 34.3% 的农民工认为生活越简单越好，能省则省，同时也有37.5%的农民工明确反对城市居民的生活方式。

其次，农民工的消费态度正在逐步发生转变。对于衣着服装消费是否应该显示个性，33.2%的受访者选择中立，同时反对和同意的农民工比例相当，皆为26.1%，这说明随着农民工打工年限的增长以及新生代农民工比例的提高，其消费态度虽然仍受传统节俭消费的影响，但已经开始逐步转变，向城市居民消费方式靠拢。这在农民工对于适当娱乐和学习的态度中可以看出，有高达51.5%的农民工对此观点表示认可。

再次，消费的利他主义明显，对子女的教育尤为重视。有44.2%的农民工认为赚钱不只是为了自己享受，而应为子孙着想。因此不难发现，农民工具有典型的传统农村利他消费主义倾向，其会增加储蓄为下一代积累财富。这体现在对子女教育的重视程度上，绝大多数农民工（比例高达87%）认为读书很重要，再苦也要让孩子上学。

最后，农民工身份认同意识较强，对城市消费方式比较排斥。49.4%的农民工认为消费应该与自己身份相当，44.3%的人反对像城市人有高档服装或化妆品，37.5%的人反对花钱应该像城里人一样追求生活质量。农民工的身份认同从其社交圈子可以反映出来，46.1%的人认为应该与和自己经济条件差不多的人交往，因此，以经济实力水平相当的老乡、工友为消费的主要参考群体，势必决定了其对城市居民消费态度的排斥。

表3.2　　　　　　　　农民工消费态度汇总分析表

类别	选项频次最多项目	频次	百分比（%）
C301　能凑合就凑合，不饿肚子就行	同意	391	37.1
C302　衣着应讲花色、款式、质量，彰显个性	中立	349	33.2
C303　不应只讲吃穿，也要适当娱乐和学习	同意	534	51.5

续表

类别	选项频次最多项目	频次	百分比（%）
C304 生活越简朴越好，能省就省，多存少花	同意	356	34.3
C305 赚钱不只是为了自己享受，而应为子孙着想	同意	462	44.2
C306 读书很重要，再苦也要让孩子上学	非常同意	518	49.7
C307 花钱进行消费应当与自己身份相当	同意	519	49.4
C308 经常在一起的好朋友经济条件都和我差不多	同意	481	46.1
C309 应该像城市人有高档服装或化妆品	反对	463	44.3
C310 花钱应该像城里人一样追求生活质量	反对	394	37.5

注：百分比，由该项目被选频次除以有效样本总数获得。

六 最迫切消费分析

在对当前最迫切消费项目的选择中，子女教育、居住消费以及婚姻支出成为农民工的三大选项，见图3.13。有高达43.8%的农民工认为，子女的教育支出成为其当前最为迫切的消费项目。自20世纪80年代中期农村剩余劳动力进城务工以来，随着农民工规模的日益扩大，留守儿童及打工子女上学难就成为一个突出问题。受困于优质教育资源的匮乏及资源分布的城乡极度不均衡，加之城镇居民对农民工的歧视与排斥，最终导致农民工子女上学困难重重，成为其最关注、最迫切的消费支出项目。另外，与国家统计局公布的《全国农民工监测调查报告》类似，居住消费居农民工最迫切消费项目的第二位，虽然不及前者统计的40%，但也占到总消费支出项目的26.7%，这说明在当前工作岗位及工作环境下，多数打工企业并不能满足农民工的居住消费需求，农民工对其居住消费的场所面积及周边环境有强烈的提升需求。

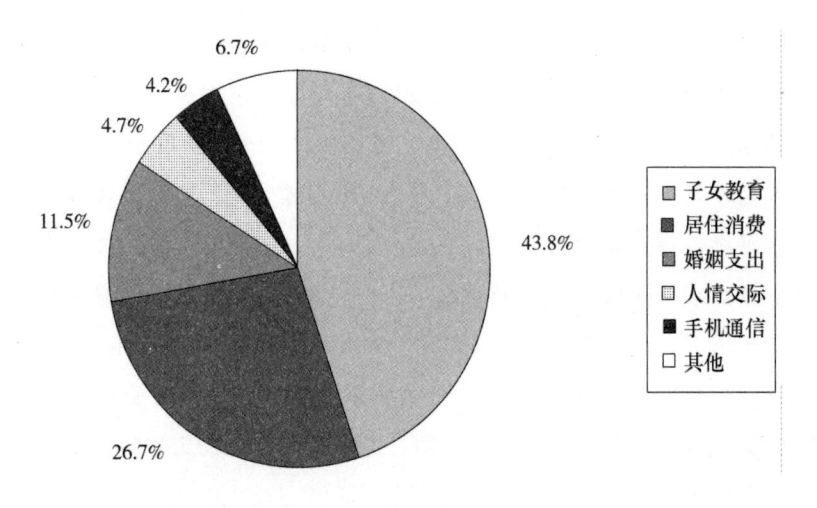

图 3.13　农民工最为迫切的消费排名

总之,我们以本次调研数据为依托,通过对农民工的消费与储蓄、消费结构、基本消费需求、休闲消费支出、消费态度及最迫切消费项目展开详细分析,研究表明,当前农民工储蓄与其消费比例接近于1:3的水平;而就消费结构来说,食物、子女教育、服装与房租占据前四位,而这与城镇居民及农村居民的消费结构都有较大差异。另外,就休闲消费而言,多数农民工将看电视、打牌、上网作为主要的消费项目。最后,在对当前最迫切消费项目的选择中,子女教育、居住消费以及婚姻支出成为农民工的三大选项,而这三大支出项目同样成为很多农民工预防性储蓄的重要原因,导致其整体消费倾向偏低。另外,我们尝试对农民工与城镇居民及农村居民等不同消费主体展开比较分析,以详细刻画农民工的消费特征,具体分析如下。

第二节　不同消费主体的比较分析

一　收入水平对比

就农民工的工资水平而言,自20世纪80年代以来,有了一个显著提升。自 1995 年以来，农民工平均工资水平在 2007 年与 2011 年相继突破 1000 元、2000 元之后，2013 年中国外出农民工人均工资为 2609 元，与 1995 年的 495 元相比，增长非常显著。而 2013 年城镇就业人员平均工资为 4290 元，从图 3.14 中不难发现，城镇就业人员工资水平增长速度明显高于农民工这一群体。1996 年以前，农民工工资一度高于城镇就业人员平均水平，但自 1997 年开始，其增速水平就低于后者，两者差距在 2013 年一度达到 1681 元，差距十分显著。而这仅仅是城镇就业的平均工资水平，如果再考虑到城镇居民的医疗、保险及住房等非货币隐性福利，毫无疑问，农民工的收入水平远远低于城镇居民。

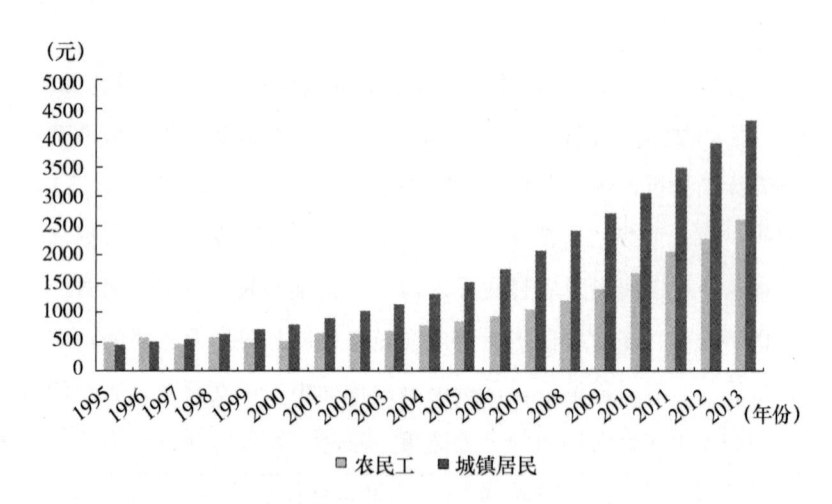

图 3.14 1995—2013 年中国农民工与城镇就业平均工资对比

二 收入来源对比

在改革开放以前，城乡居民的收入来源比较固定，即城镇居民以工资性收入为主，按月领取，容易预期但缺乏大的变化；农村居民以农作物经营为主，多以季节为收入间隔，因而具有较大的不确定性。随着农村改革的首先实施，在一定程度上城乡居民的收入差距有所缩小，在 80 年代中期二者差距一度缩小至最低水平。1978 年改革开放以后，城乡居民收入来源发生了显著变化，即城镇居民的财产性收入比例提升很快，而农村居民的工资性收入也大大提高。[151]以 2013 年为例，农民工人均收入达到 32280 元。69%的农民工表示，其打工前后家庭收入相差两倍以上。但是，农民工对未来收入的预期增长并不乐观，仅有 46%的人认为明年收入会增长，这在很大程度上会增加农民工的预防性储蓄和降低边际消费倾向。在其家庭收入来源构成中，打工收入约占 79%，远超过农业收入约 11%的比例，见图 3.15。从家庭收入来源的构成看，农民工打工收入已成为其家庭收入的首要来源，并且亦成为农村地区经济发展的重要资金保障。

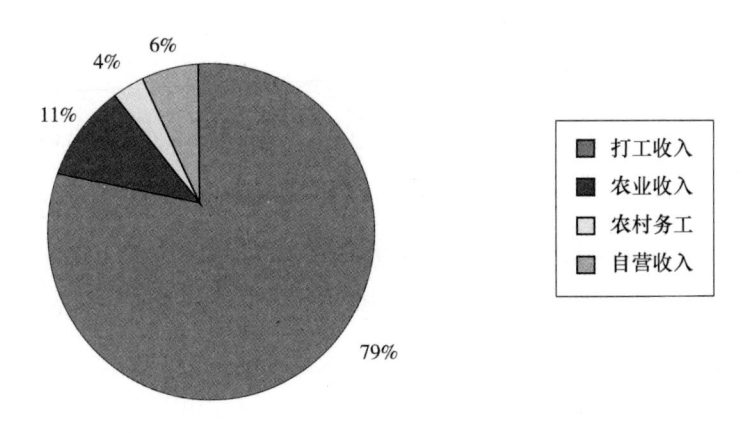

图 3.15　2013 年中国农民工家庭收入来源

三　消费规模对比

就城乡居民两大消费主体而言，通过对 1980—2014 年《中国统计年鉴》相关数据的整理分析，我们发现：1978 年，我国农村居民消费规模达到 1092 亿元，2014 年则增加到 54178 亿元，36 年间增长了 49.6 倍；同期我国城镇居民消费规模则由 667 亿元增加到 187363 亿元，增幅达到 271.9 倍。城镇居民消费规模增速达到了农村居民的 5.58 倍。当然，如果考虑到通货膨胀的影响，城乡居民的消费规模可能会有所缩减。从图 3.16 中可以看出，从新中国成立后至 1992 年，我国农村居民的消费规模一直大于城镇居民，但农村剩余劳动力大规模的进城务工以及城乡居民收入差距的快速拉大，自 1992 年至今，城镇居民消费规模就超过了农村居民，而且两者差距的拉大趋势依然未能缓解。

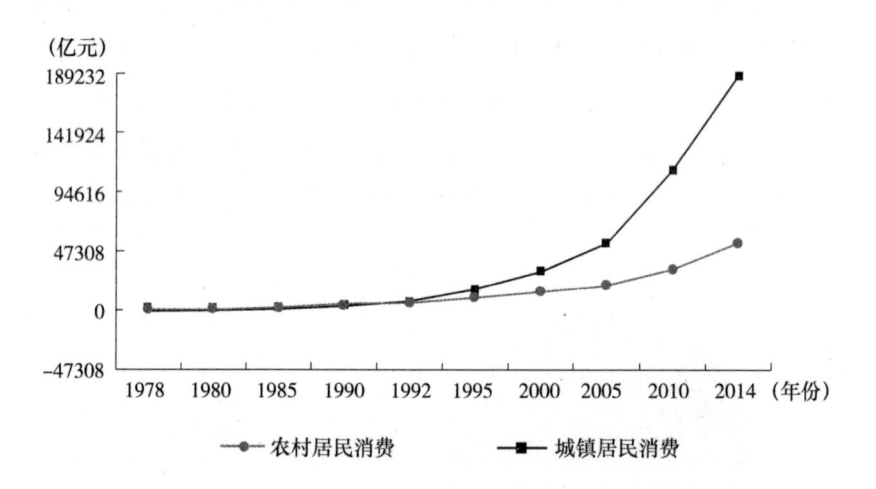

图 3.16 1978—2014 年中国城乡居民消费规模变化

资料来源：2014 年数据来自于国家统计局网站，其余年份根据 1991—2014 年《中国统计年鉴》相关数据整理。

四　消费水平对比

（一）城乡居民比较

新中国成立后，城乡消费差距一直比较稳定，从 1952 年至 1978 年，除 1959—1961 年三年困难时期外，城乡居民消费比例一直小于 3 倍，大多数年份处于 2.5 倍的水平。改革开放后，国家改革重心由农村到城市的转移最终使城乡消费差距逐步拉开，尤其是从 1991 年到 2010 年，城乡居民消费差距快速拉大，在 1995 年、2003 年和 2004 年三个年度达到 3.8 的峰值，近年来一直在 3.6~3.7 之间徘徊。城乡消费差距的拉大引起了我国政府的高度关注，在中央政府

"减免农业税"、"新农村建设"、"新农合"及"家电下乡"等一系列政策的推动下，城乡居民的消费差距有所缩小。但是，2013年农村居民6113元的消费水平仍低于城镇居民2000年6850元的消费水平（见表3.3），相当于我国农村居民人均消费水平落后于城镇居民14年，由此可见我国城乡居民的消费水平差距非常显著。

表3.3　　　　　　1952—2013年中国居民消费水平　　　　　　单位：元

年份	1952	1958	1959	1978	1985	1990	1995	2000	2005	2010	2013
农村居民	62	83	65	138	349	560	1313	1860	2579	4455	6113
城镇居民	148	195	206	405	765	1596	4931	6850	9644	15907	18023
城乡对比	2.4	2.3	3.2	2.9	2.2	2.9	3.8	3.7	3.7	3.6	2.95

资料来源：根据1991—2014年《中国统计年鉴》相关数据统计整理。

（二）农民工与城乡居民比较

在对城乡居民的消费进行对比之后，我们尝试把农民工的消费水平与前者做一比较分析。从表3.4中不难得出，2013年农民工每月人均生活消费支出为892元，而且消费水平与城市规模呈同向变化，如直辖市和省会城市的消费水平为972元，远高于小城镇807元的水平。而且2013年全国农民工监测调查报告的数据同时显示，在农民工892元的生活消费中，其居住支出竟然高达453元，占比50.78%，其对农民工其他消费项目的"挤出效应"十分明显。另外，2013年《中国统计年鉴》相关数据显示，该年度城镇居民与农村居民人均现金消费分别是18023元和6113元。根据农民工人均生活月消费支出不难计算出其年生活消费水平为10704元，明显低于城镇居民的生活消费水平，但高于农村居民。因此，就三大消费主体比较来看，农民工的消费水平介于城乡居民之间，有望成为缩小城乡居民消费差距的主要载体和重要通道。

表 3.4　　2013 年外出农民工每月人均生活消费支出

指标	人均月生活消费支出		其中：人均月居住支出	
	金额（元）	增长率（%）	金额（元）	增长率（%）
合计	892	21.7	453	27.0
直辖市和省会城市	972	23.4	500	25.9
地级市（包括副省级）	911	20.2	432	34.2
小城镇	807	21.5	430	21.5

资料来源：国家统计局《2013 年全国农民工监测调查报告》①。

五　消费结构对比

除了消费规模及消费水平之外，消费结构更能反映一个消费者的消费状况，因此我们有必要对农民工、城镇居民及城市居民的消费结构做一详细对比。就三大消费主体的消费项目排序来看，城镇居民三大消费项目依次是食品、交通通信与文教娱乐支出，而衣着与居住次之。与城镇居民不同，农村居民的三大消费项目分别是食品、居住及交通通信支出，而且其居住支出比例高达 18.6%，远高于城镇居民的 9.7%。另外，在农村居民消费结构中，文教娱乐占比（7.3%）显著低于城镇居民（12.7%），这说明农村居民的娱乐型消费还远未普及；与前者形成鲜明对比，农村居民医疗保健支出比例高出城镇居民 3.1 个百分点，衣着支出低于后者 4 个百分点（见表 3.5），以上都充分说明了城乡居民两大消费主体之间的消费结构存在显著差异。

---

① 农民工监测调查制度由国家统计局于 2008 年建立，采用入户访问调查的形式，按季度进行调查。监测调查区域集中于农民工输出地，其范围涵盖我国 31 个省（自治区、直辖市）的农村地域，在 1527 个调查县（区）抽选了 8930 个村和 23.5 万名农村劳动力作为调查样本。该报告属于目前我国较为权威的调查资料。

表3.5　　　2013年城镇、农村居民与农民工消费结构对比　　　单位:%

类别	城镇居民 比例	城镇居民 排序	农村居民 比例	农村居民 排序	农民工 比例	农民工 排序
食品	35.0	1	37.7	1	31.2	1
衣着	10.6	4	6.6	6	13.4	3
居住	9.7	5	18.6	2	13.1	4
家庭设备	6.7	6	5.8	7		
交通通信	15.2	2	12.0	3	5.3	6
文教娱乐	12.7	3	7.3	5	23.9	2
医疗保健	6.2	7	9.3	4	3.7	7
其他	3.9	8	2.6	8	8.9	5

资料来源：城镇居民与农村居民数据来源于《2014年中国统计年鉴》，农民工数据则根据本课题组相关调研数据计算而得，其中，农民工文教娱乐支出由子女教育、娱乐及个人教育三部分组成。

就农民工的消费结构而言，食品、文教娱乐、衣着及居住支出位居前四位。其中，食品支出占比虽位居首位，但其比例皆低于城乡居民。根据恩格尔定律我们知道，居民收入水平越高，其食品消费支出比例就越低，难道农民工的生活消费水平超过了城镇居民？根据我们对农民工消费的实地调研与逻辑推断，显然不是如此，因此就出现了农民工消费的"恩格尔悖论"。该悖论的出现，恰恰说明了农民工城乡消费的二元特征，即其在城市尽量压缩消费以便使家庭成员可以增加农村消费。

六　消费行为对比

受几千年来短缺经济的影响，我国农村居民养成了"量入为出"的消费观念，因此其消费行为具有天生的节约倾向，城镇居民则由于其收入的稳定性和较完善的医疗社会保障，所以形成了"持币待购、随用随买"的较为理性的消费习惯，这和农民的季节性消费行为形成了鲜明对比；再加上城市具备较为发达的金融系统和银行体系，所以城市居民消费可以利用金融系统实现超前消费，尤其是在买房、购车等大宗商品交易方面。与城乡居民不同，农民工自进入城市打工之后，在实现生产方式现代化的同时，其生活方式依然较为传统，受"钟摆式"兼业与"候鸟式"流动择业方式的影响，最终形成了"进城务工，回乡消费"的消费模式。农民工的这种消费模式对其消费行为产生了较大影响，加之打工工作的不稳定性，因而大多数农民工都养成了能省则省的消费习惯，具体体现为其平均消费倾向严重低于城镇、农村居民。根据现有资料，我们以近三年来三者的平均消费倾向来分析其消费行为。从图 3.17 中不难发现，2014 年，农村、城镇居民的平均消费倾向分别高达 79.92% 和 69.23%，而农民工的平均消费倾向仅为 32.96%，与前两者差距悬殊，这就说明农民工的消费特征与前两者有本质区别，接下来我们就农民消费特征展开具体分析。

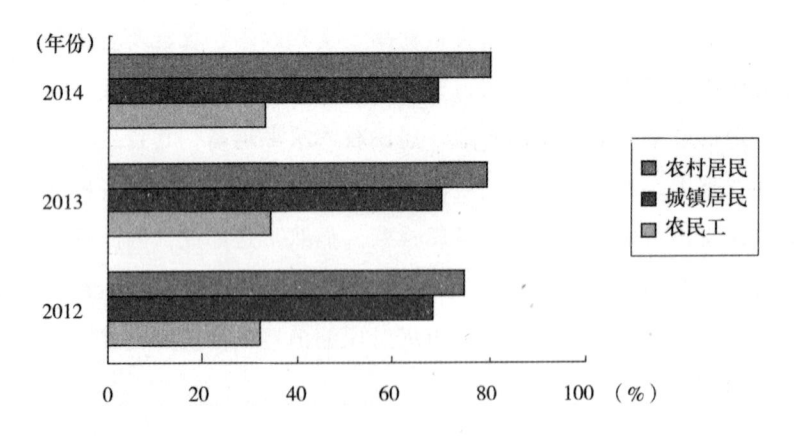

图 3.17 2012—2014 年农民工、城镇居民与农村居民平均消费倾向

资料来源：农民工数据源自于国家统计局公布《全国农民工监测调查报告》，而城镇、农村居民数据则根据《中国统计年鉴》整理计算而得。

综上所述，我们围绕着农民工、城镇居民、农村居民三大消费主体，就收入和消费两大视角展开详细的对比分析。结果表明，就收入水平而言，农民工虽然高于农村居民，但与城镇居民依然有着较大差距；而农民工打工收入的增加，毫无疑问地拓展了农村家庭收入来源，也使其与传统农村家庭收入来源相比具有较大差异。另外，三大主体的消费比较集中于消费规模、消费水平、消费结构及消费行为四个方面。总体而言，农民工的消费结构及消费行为与城镇、农村居民都有较大差异。

第三节 消费二元性的具体特征

一 农民工收入的城乡分割

随着农民工规模的迅速扩大及其收入水平的较快增长，农民工的农村汇款有望成为"城市反哺农村"的一个主要渠道。据本次调查问卷数据显示，2013年我国农民工人均汇款8872.75元，占其个人收入的比例为27.23%。而且，与同期农村居民人均家庭经营收入3793元的水平相比，农民工汇款已成为农村地区，尤其是欠发达农村地区资金的重要来源。以图3.18为例，农村汇款占收入比在10%~30%的农民工最为普遍，而汇款收入比在31%~50%的农民工也接近于1/4的比例，整体而言，有73%的农民工汇款不到其收入水平的一半，而农民工收入在城乡间的分割势必会影响其消费的城乡分布。

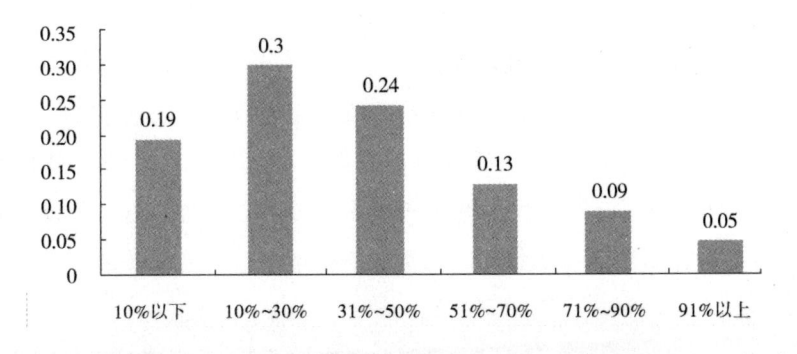

图3.18 2013年农民工农村汇款占收入比例的不同分布

在对农民工的汇款规模及汇款收入比例进行分析之后,我们需要研究的是农民工的汇款是否直接促进了农村居民的消费。众所周知,农民工的家人拿到汇款之后,要么直接消费,要么生产投资,还有就是储蓄,不外乎这三种用途。从图3.19中可以看出,就农民工汇款的使用流向而言,51%的农民工选择赡养父母,37%的农民工选择子女教育,还有12%的农民工选择偿还债务和解决住房问题。

由此可见,父母赡养和子女教育成为农民工目前汇款最为主要的两大用途,这就说明农村居民社会养老机制的制度缺失给农民工家庭带来极大的生活压力,迫使其增加预防性储蓄,进而减少即期消费。同时有关农民工子女的教育问题,无论是留守儿童还是进城上学,都在农民工消费支出中占到很大比例。因此,只有解决好了农村居民的社会养老和农民工子女教育问题,农民工的消费潜力才会大大提升。

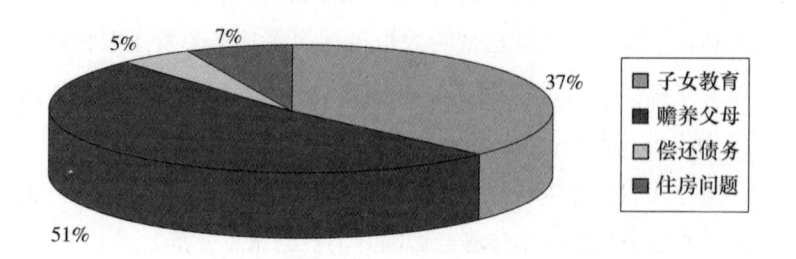

图 3.19 2013 年农民工汇款的主要用途

二 农民工消费的城乡分布

农民工进城务工之后,由于短期之内个人收入的低水平、工作的不稳定以及城市高昂的生活成本等因素,必然导致其"举家外出务工"的比例偏低。[①] 因此,单独进城务工的家庭占据了绝大多数,而这势必会面临个人与农村家人的消费均衡问题,而这最终会体现为农

---

① 国家统计局公布的《2014年全国农民工监测调查报告》显示,2014年我国外出农民工规模达到16821万人,其中,举家外出农民工有3578万人,仅占比21.27%,而且近5年来,该比例始终处于20%~21%这一较低水平。

民工在打工城市和农村家乡不同区域的消费分布现象。因此，在收入增加后农民工是否愿意在城市增加消费比例的调查中，我们发现，有34%的农民工选择在城市增加消费的比例低于25%，有41%的农民工增加城市消费的比例低于50%，两者汇总有75%的农民工在收入增加后，其城市消费的比例不到收入增加值的一半（见图3.20），这就说明多数农民工仍受到"进城挣钱，回家消费"的传统生活模式的影响，在城市消费的比例较低。当然我们也应看到，有20%的农民工愿意将收入增加的多数用于城市消费，这应该与80后、90后新生代农民工有关，这一群体受城市同龄人消费的示范效应比较明显，其更愿意通过增加城市消费以实现身份认同和城市融入。

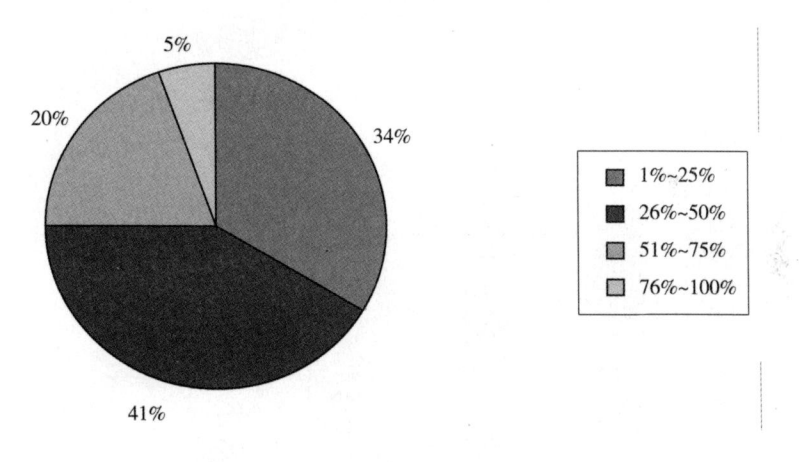

图 3.20　2013 年农民工城市消费比例

三　城乡迥异环境下的消费水平变化

农民工进城务工之后，能够切身体会到城市与农村迥然不同的生活方式和消费环境，而且由于工资性收入的按月定期发放为其改变消费行为提供了可能，使其消费行为正逐步地由保守转向开放。随着进城务工时间的积累，农民工就会逐渐改变过去养成的"攒钱消费"的传统模式，而更加接近于城市居民"随用随买"的消费行为。加之城市较为便利的购物环境、相对完善的购物保障以及铺天盖地的广告宣传，更为重要的是，随着社会地位和消费角色的转换，新生代农民工在职业、收入和教育发生改变的基础上，其试图通过模仿城市居民的消费习惯以实现消费转型，最终促进身份的自我认同和社会地位的不断提升。这一切体现为农民工进城之后，其个人消费增长非常显著。从图3.21中我们可以看出，农民工进城务工之后，其个人消费水平普遍增长，有38%的农民工消费水平增加2倍以下、45%的农民工消费增加2~3倍，还有12%的农民工消费增加了4~5倍，消费规模增加了5倍以上的比例只有5%。因此，就规模庞大的农民工而言，其日常消费已构成城市低端消费市场的重要组成部分，而且有望进一步衍生大量的公共基础设施消费需求，如学校、医院、交通、住房等。

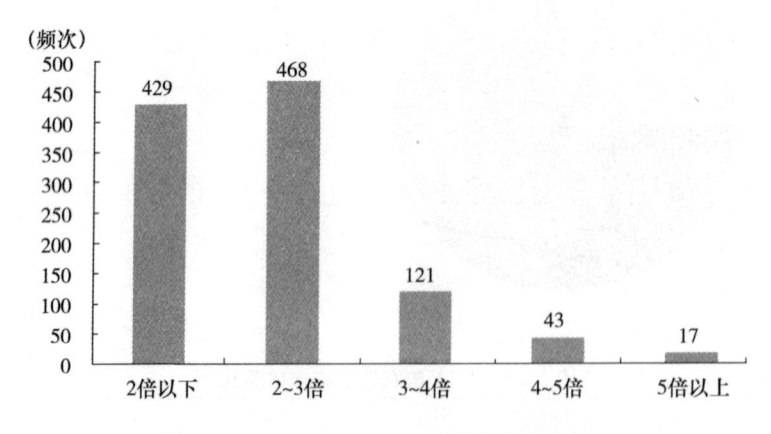

图 3.21 2013年农民工进城务工后消费变化

四 农民工消费结构的城乡差异

伴随着农民工消费行为与态度的逐步转变，最终都体现为在打工城市与农村家乡的消费结构差异，我们以农民工家庭耐用品拥有量为例，试图比较说明农民工城乡消费结构的差异。从图3.22中我们发现，就农民工在城市而言，拥有手机与电视的农民工人群最多，自行车、电话、洗衣机与热水器次之,摩托车、电脑与家具的拥有人群更少些。与打工城市耐用品拥有量的排序不同,农民工在农村家乡耐用品拥有量排序依次为电视、洗衣机、手机、电话、自行车、摩托车、家具、冰箱等,大部分耐用品的拥有量显著高于城市水平,这说明对于多数农民工而言,其生活消费的重心依然在农村,城市消费更多地属于生活必需消费,其城市消费的暂时性及维持性特征非常明显。另外,值得注意的是,并非所有的消费品城市都低于农村水平,手机与热水器的城市拥有量显著高于农村水平,而电脑的城乡拥有量基本相当,微波炉与空调的城乡差距也非常微弱。以手机和热水器为例,我们尝试对其展开分析,发现农民工手机在城市的拥有量之所以具有优势,除了手机价格低廉之外,这本身也反映了农民工的社交需求。农民工进城后,其社交圈子非常狭窄,除了工友、老乡之外,其更多的情感寄托于农村的家人,这就表现为手机拥有量、话费、上网资费等费用的快速上升。而热水器则不同,众所周知,城乡居民的生活方式、卫生习惯差异较大,农民工进城后势必受到城市居民生活习惯的影响,相比农村更加注意个人卫生,因此城市居民对农村居民消费的示范带动效应得以产生,热水器的城市拥有量超过农村也就在情理之中。

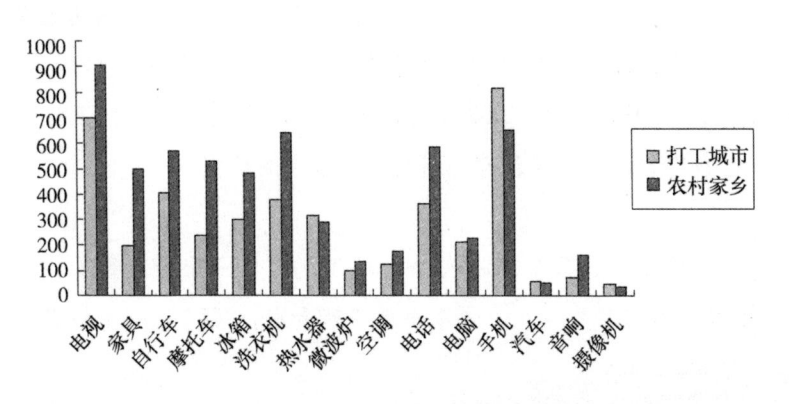

图 3.22 2013 年农民工城乡消费结构差异对比

五 农民工的城乡消费行为差异

由于我国城乡二元户籍制度及其衍生的就业、养老、医疗等一系列政策的存在,农民工虽然实现了从农业向工业的行业转变以及从农村向城市的空间转移,但依然被排斥在城市社会的管理体制之外,处于一种边缘化的地位,成为一种既非农民也非市民的边缘群体。而伴随着农民工在城市与乡村之间"候鸟式"的定期流动,其社会地位、个人身份和消费角色均发生较大变化,虽然其在城市处于社会底层,但春节回到农村后,其又将自身定位为农村社会的上层。消费行为由于具有显著的外显性,因此农民工就通过在城乡不同区域采取不同的消费策略,通过其在农村强烈的炫耀性消费行为以补偿自身的城市社会的身份缺失,从而形成一种典型的补偿性消费逻辑。①

具体而言,一方面,在城市,由于未能在城市赢得认同,城市居民的抵触、排斥以及歧视现象也比较普遍,农民工的社交范围多局限于老乡与工友,不能有效地构建起自己的社会关系网,因而导致其与城市居民产生天然的"隔阂",而这就体现在消费心理及消费行为方面,加之低收入及给农村老家汇款对其消费构成的"硬约束",该群体难以摆脱农村所固有的传统消费习惯,城市消费行为表现为显著的抑制性、维持性与暂时性等消费特征。以我们 2012 年的访谈为例,小李(男,1984 年生,2008 年开始外出在西安建筑行业打工)就曾向笔者抱怨父母在农村新建房屋给自己带来的负担:

> 2012 年,我只身一人外出打工,每个月除生活费外,只留 500 元零花钱在身上,其余全部寄回老家,2012 年一整年寄回老

---

① "两栖消费"一词由我国学者王宁于 2005 年首次提出,其泛指消费主体在不同区域采取相异的消费逻辑。本书特指农民工在城市和农村采取截然相反的消费策略。

家的钱至少有 25000 元，我家盖房钱的大部分由我打工承担。外出打工四年以来，我先后汇款接近 60000 元，除老家盖房外，妹妹的开学费用也主要由我负担。

另一方面，我们也注意到，农民工节假日在农村老家的消费具有显著的"炫耀性"特征。中国人的面子意识非常浓厚，农民工作为农村社会中见过世面的人，其会将城市居民的消费观念及消费方式带回老家，这本身也无可厚非。但问题是据我们调研发现，农村地区的人情消费居高不下，很多农民工的节假日炫耀性消费已超出其经济承受能力，主要体现在建房以及婚丧嫁娶等红白喜事方面。究其原因在于，城市社会身份的边缘化、城乡体制分割以及制度的不健全，导致农民工在城市社会难以实现自我价值，提升社会地位。于是，春节返乡后，农民工会试图寻求扩大社会关系网，提升社会地位，获取名誉和声望。国人自古就有"衣锦还乡"的说法，因此通过炫耀性消费以显示自身身份就成为一种可能，尽管会是一种假象，但通过人情消费往往会获得他人的认可及社会地位的提高。

因此，农民工经常会通过符号性消费显示自己与留守村民的区别，这既强化了他们内在的社会身份认同，又能彰显出自己在外闯荡的成就从而满足自我的虚荣心。最终，农民工在农村的节假日炫耀性消费势必会缩减其在城市的消费开支，形成一个恶性循环，进一步固化了其"进城挣钱，回家消费"的消费模式。以小张（女，1988 年生，2010 年开始在渭南市服务业打工）为例，我们可以窥探其炫耀性消费观念。小张曾咨询笔者：

你觉得我发型如何，好不好看？我想过年时好好做个发型，要不然回头朋友都说我老土。我今年寒假打算花 5000 元（其月均消费 850 元）去给家里亲友买些礼物，给我爸妈买一身新衣服，给我舅舅、叔叔家带些礼品好拜年，给几个关系好的闺蜜带一些品牌化妆品，还要给我弟弟买个玩具，唉，现在这过年不花钱不行，回去不带礼物别人都笑话你，说你没礼貌，混得不好，让爸妈也没面子，这些钱必须得花。

从上述两个案例我们可以发现，无论是传统农民工还是新生代农民工，他们在城乡往返的过程中，一方面传统消费观念根深蒂固，另一方面又受到城市居民示范效应的影响，加之融入城市的停滞以及对于自身身份认同意识的增强，都使其消费行为的两栖性比较显著。

本章小结

本章从农民工群体总消费特征的分析出发，对农民工与城镇居民、农村居民三大消费主体展开比较分析，重点从收入城乡分割、消费城乡分布、消费结构城乡差异及城乡"两栖消费"行为等视角对农民工消费二元性展开深入分析。具体分析结果如下：

（1）农民工收入更多的是以汇款形式进行其个人与家庭成员的收入分割，2013年我国农民工人均汇款占其个人收入的比例为27.23%，而汇款规模更多地与外出务工人数，即是否举家外出务工有很大关系。

（2）当前农民工消费的城乡分布更倾向于农村地区，但随着新生代农民工成为务工主体，农村消费的比例在逐步缩减，而城市消费的比重上升趋势显著。

此外，农民工进城后，其个人消费相对于过去有大幅提升，但是其城市消费行为的暂时性、维持性特征明显，这就决定了农民工城市消费结构与农村老家消费结构有较大差异。

（3）农民工城乡"两栖消费"行为显著。对于传统农民工而言，一方面在城市保持生存性消费，另一方面节假日回农村进行"面子"、"人情"等炫耀性消费；而对于新生代农民工而言，由于其融入城市的意愿更强，对自身的城市身份有着强烈的认同意识，因此消费行为有着浓烈的"符号"消费特征，城市同龄群体对新生代农民工的消费示范效应显著。

第四章

消费二元性的形成机理分析

在对农民工消费二元性现状进行分析之后,本章试图厘清其形成机理。就农民工消费城乡二元性而言,其本质在于农民工个体与家庭的消费均衡,体现为农民工消费结构的城乡分割。因此,本章结合几种代表性消费理论,试图就农民工城乡消费二元性的形成机理展开理论分析,具体内容如下。

第一节 消费理论的发展脉络

围绕居民消费问题,西方学者的研究经历了三个阶段:首先是始于19世纪中叶欧洲家庭经济支出的经验性调查,以恩格尔定律(Engel's Law,1857)的提出为标志;此后,门格尔(Carl Menger,1871)提出消费者偏好理论,以抽象演绎的形式探讨在收入水平一致情况下的消费差异;20世纪30年代大危机之后,大范围的商品过剩使更多的学者开始关注居民消费这一理论命题,凯恩斯(Keynes,1936)提出的绝对收入的消费函数标志着现代消费理论的正式诞生;此后,现代消费理论研究主要聚焦于消费函数和消费结构两大方向。消费函数是西方消费行为研究的标准工具,在其构建和完善的过程中,围绕着收入的各种假设条件,杜森贝利(Duesenberry,1949)、莫德里奇(Modigliani,1954)、弗里德曼(Friedman,1957)、霍尔

(Hall,1978)、扎尔迪斯(Zeldes,1989)及迪顿(Deaton,1991)等学者做出开创性研究,消费函数的生命周期假说、持久收入假说、相对收入假说、随机游走、流动性约束及预防性储蓄假说的相继提出,最终使消费函数理论的解释能力大大增强。[130-134]凡勃仑(Veblen,1935)的研究将消费行为与社会阶层相联系,他认为,仅仅保有财富远远不够,还需提供证明,这就需要通过炫耀性消费得以表现,凡勃仑将消费行为的研究往前推进了一大步。西方消费理论演变情况见图4.1。

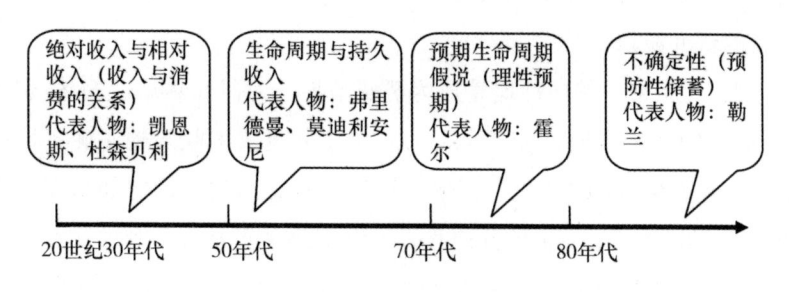

图4.1 西方消费理论演变情况

在消费的各种理论假说中,以绝对收入理论、相对收入消费理论、生命周期消费理论和永久收入消费理论影响最大,现简要介绍如下。绝对收入假说由凯恩斯首次提出,它致力于探讨消费与收入的短期函数关系,认为消费是当前收入的稳定函数并且边际消费倾向递减;而杜森贝利的相对收入消费理论最大贡献在于提出了"消费示范"和"棘轮效应",主张消费还受到周围人的消费行为及其收入和消费相互关系的影响。与前两位学者的研究视角不同,莫迪利安尼(Modigliani)认为,消费不仅仅取决于现期收入,而且与其一生收入和财产收入相关,作为一个理性的消费者,他会根据其一生收入水平安排最佳的消费,因此将消费理论与个人年龄阶段结合起来。而弗里德曼的永久收入假说与前者类似,他指出,居民消费并非由其现期收入决定,而与其永久收入相关。此后,随机游走消费理论和预防性储蓄消费理论的提出都使消费理论的解释能力大大增强。

另外,就消费结构的研究而言,早在19世纪末期,爱德华(Edward,1868)就首次提出家庭消费结构支出分类法;此后,英国经济学家斯通(R. Stone,1954)提出了线性支出系统模型(LES);而路迟(Liuch,1973)提出的扩展线性支出系统模型(ELES)则认为,人们对某种商品的需求量取决于人们的收入和该商品的价格,此系统可用于消费结构的分析;拉科西(Matyas,1992)在以往模型研究的基础上又提出了面板数据模型,从而使消费结构的研究进入了一个新的研究阶段。[135,136]

近10年来,预防性储蓄成为消费学界一大研究热点,勒兰(Leland,1968)将预防性储蓄定义为"为了防范未来收入的不确定性冲击而引起的额外储蓄"。[137]霍尔(1978)从支出的不确定性出发,认为消费支出取决于一生的预期收入。布朗继承了杜森贝利的观点,提出了广义相对收入假定,从消费的"不可逆性"和"消费支出落后于收入变化"的特点进一步阐述了消费的社会性。布朗宁和卢萨尔迪(Browning and Lusardi,1996)提出,足够的资产或社会保障制度的完善可以减弱预防性储蓄动机。[138]

第二节 代表性消费理论介绍

一 炫耀性消费理论

众所周知,炫耀性消费理论的代表性学者是凡勃仑,凡勃仑首次将"炫耀性消费"(conspicuous consumption)这一概念引入经济学。[139]事实上,在凡勃仑之前,早在19世纪30年代,加拿大社会学家约翰·雷(John Rae,1934)就提出这一概念,他从虚荣心的角度解释炫耀性商品的性质和效用,并指出炫耀性消费不会增加总的社会福利,一部分人的相对地位提高必然对应着其他人相对地位的下降。此后,马歇尔(1890)也论及这一概念,他将欲望分为多样化的欲望和自豪感的欲望,并认为后者更具有普遍性和永久性。1899年,凡勃仑出版其代表性专著《有闲阶级论》,凡勃仑认为,消费者要获得尊荣并保持尊荣,仅仅保有财富远远不够,有了财富还必须能够提供证明。因此,他首次明确了炫耀性消费的含义,即为财富和权力提供证明以获得并保持尊荣的消费活动。凡勃仑进一步区分了炫耀性消费的两种动机,即歧视性对比(invidious comparison)与金钱竞赛(pecuniary emulation),两种动机分别代表了不同财富水平的阶层试图通过消费"示差"来确认其身份。

凡勃仑对炫耀性消费的定义及区分对后续研究影响很大,以后有诸多学者开始从事相关研究,其中代表性学者如下:莱宾斯坦(Leibenstein, 1950)的消费外部性理论(consumption externality)、弗兰克(Frank, 1985)的炫示效应(demonstration effects)、黄有光(Yew-Kwang, 1987)的钻石效应(diamond effects)、王建国(1999)的位置消费理论(positional consumption theory)以及库珀(Cooper, 2001)等学者的地位效应(status effects)等。[140-142] 尽管众多学者对炫耀性消费研究的侧重点有所差异,但对其研究结论进行简单梳理后可以得出以下共识:炫耀性消费是为了夸示财富而非满足真实需求的消费活动,其消费动机是谋求某种社会地位,它背后的深层含义是人与人之间在需求和效用上存在相互影响。

凡勃仑之后一直到20世纪中叶,炫耀性消费理论并未纳入到主流消费理论体系当中,这种状况因为杜森贝利和莱宾斯坦两位学者的出现而改变。在两位学者的努力下,消费者之间的相互影响被引入主流消费理论体系当中。[143,144] 杜森贝利(1949)在其提出的相对收入假说中指出,在一个等级社会中,消费者与他人消费的比较决定了他与优质商品接触的频率,即存在示范效应,同时人们的消费行为相互影响,存在攀附倾向。而莱宾斯坦的贡献主要在于,他从消费动机的角度将消费者的商品需求区分为功能性需求和非功能性需求;而非功能性需求的外部效应包括从众效应、势利效应及凡勃仑效应。①

此后，炫耀性消费理论在行为经济学、效用理论、产业组织及公共财政学等学科得到了广泛应用。由于心理学和社会学研究方法的大量引用，该领域的研究深入程度大大增强，而博弈论和信息经济学又使炫耀性消费理论的研究进入一个新阶段。[145] 其最新研究方向主要集中于对凡勃仑效应存在条件、炫耀性消费中供给方行为、凡勃仑效应的产生机制及炫耀性消费内涵等方面，这其中尤以弗兰克（1985）的研究最具开拓性。[146] 弗兰克认为商品的炫示效应因其种类不同而有很大差异，他将商品分为两大类：一是位置商品（positional goods），如住房和汽车，此类商品皆属于可以看到的有形商品，该类商品的消费往往会影响消费者在社会环境中的相对地位；另一类则是非位置商品，一般为外界无法看到，如银行存款等，弗兰克重点考察了人际比较如何对不同商品的消费产生影响。

伴随着我国经济的高速增长，作为最具潜力的奢侈品消费大国，炫耀已成为许多国人消费行为的重要动机，尤其是对于新生代农民工而言，其具有强烈的炫耀性消费动机，以显示其身份与城市同龄市民的趋同，而这最终使其陷入炫耀性消费与抑制性消费并存的消费困境。另外，我们也应看到，炫耀性消费理论虽已成为社会学、营销学及广告学等学科的理论支撑，但受困于缺乏实证研究支持及研究形式的规范化，都严重制约了该理论的现实解释能力。

二　符号消费理论

符号消费理论（Code Consumption）虽不像炫耀性消费理论的研究比较系统，但由于其比较契合当下我国农民工消费特征，故在此做

---

① 莱宾斯坦进一步指出，从众效应即消费者追求潮流，他人购买越多，自己的购买欲望就越强烈；势利效应即消费者追求标新立异和独占性，他人购买越多，自己的购买欲望就越弱；而凡勃仑效应则表现为价格越高，购买欲望越强。详见莱宾斯坦《消费者需求理论中的从众效应与凡勃仑效应》一文。

第四章 消费二元性的形成机理分析

一定分析。符号消费最早的定义源自法国著名社会学家鲍德里亚（Jean Baudrillard），他将符号消费定义为："消费并不是一种物质性的实践，不在于我们所消化的食物、不在于我们身上穿的衣服、不在于我们使用的汽车，而是在于，把所有以上元素组织为有表达意义的东西；它是一个虚拟的全体，其中所有的物品和信息构成了一种符号化的系统化操控活动。"[147]

事实上，随着人类社会生产力的跨越式发展，迅速经历了传统农业社会、工业社会及后工业社会。随着后工业社会的来临，工业发展与技术进步带来的是可利用资源快速增长，最终使物质极大地丰盛起来。整个社会商品生产的过剩导致买方市场出现，从而使消费越发地成为整个社会的重心。消费已成为维持社会稳定与发展的工具，它已渗透到生活的方方面面，使一切都成为可消费的客体；同时，消费取代生产的逻辑成为社会再生产过程的核心环节，人们通过消费实现对生产的推动；消费作为生产的起点与终点，成为拉动内需、促进社会发展的动力。正如鲍德里亚（1970）在《消费社会》一书中所言，富裕的人们不再像过去那样受到人的包围，而是受到物的包围。

更为重要的是，鲍德里亚以符号学为切入点，对消费社会展开深入审视，他认为消费已不再局限于物的消费，而更多地属于符号消费，对符号的追求超过了对物的功能的需求。符号消费的目的不是寻求同质化，而是追求差异化，而差异化会使消费的欲望永无止境。在符号体系中，符号之间的区分、符号在体系中的位置，都是通过消费差异来确定。因此，符号消费的过程也就是社会重新分类和区分的过程，其实质在于对人们社会身份的重构。另外，鲍德里亚还发现，城市大众传媒已成为符号消费的技术支撑，报纸、广播、电视及网络等大众传媒不仅成为了符号消费的共谋，而且成为符号的直接生产者。最终，在大众传媒的支撑下，消费正在有力地建构着人们的日常生活秩序，它已成为身份建构的手段及社会地位的重要标志。

因此，考虑我国农民工进入城市务工之后，由于报纸、广播、电视及网络等大众传媒的消费宣传，再加之农民工自身急于获得城市身份的心理认同，相当一部分农民工就试图通过符号消费来提升其社会地位，重新构建其城市身份。因此，农民工普遍性的符号消费恰恰说明了当前其身份的尴尬境地，而这也构成其城乡二元消费的一大因素。

三 生命周期消费理论

与具有"前瞻"性的"绝对收入"和"相对收入"理论相比，莫迪利安尼（1949）、布伦博格和布鲁贝格（Burmbegr）在《效用分析与消费函数：对横截面资料的一个解释》（1954）中共同提出的"生命周期"假说是一个重大转折，生命周期假说把个人现期消费（储蓄）取决于个人现期收入、预期收入、开始时的资产和个人年龄大小，这里强调了"后顾"。凯恩斯视角下的消费者是只见跟前的"短视的和原始的"消费主体，追求的是一期或即时预算约束下的效用最大化，杜森贝利眼中的消费者是"后顾的和攀附的"消费主体，追求的仍然是一时预算约束下的效用最大化，而生命周期假定中的消费者则是"睿智的、前瞻的"理性主体，追求的是终生效用最大化，并且遵循不受流动性约束前提下的终生跨时预算约束。另外，生命周期假说中，未来的不确定性被纳入分析框架，因跨时预算约束、借款消费和未来的诸多不确定因素，迫使消费者不得不提高风险意识，采用常规化的规避风险措施以抵补风险预期的压力。因此，有关未来利率预期的变化同现实消费数量的决定相关是需要考虑的变量，即时间偏好成为影响消费者行为的重要变量之一。其具体的消费函数模型为：

$$C = c(Y, Ye, A, t) = L/LY + (N-t)/Lye + 1/lt\ A0。$$

其中，C 表示消费，Y 表示现期收入水平，Ye 表示预期收入，A 表示开始的资产，L 表示人的一生，N 表示个人一生中赚取收入的时期，t 表示个人年龄，Lt 表示个人在 t 年龄以后的生命时期。该公式说明，个人现期消费取决于个人现期收入、预期收入、开始的资产和年龄。莫迪利安尼等认为，人们消费时会考虑预期的一生收入，并力图把毕生的收入做最佳分配，以便得到一生消费的最大满足，后人指出，根据生命周期假定所描绘的消费函数，与实际观察到的宏观现象较为吻合。

美国著名经济学家弗里德曼（1957）否认绝对收入理论和相对收入理论的现行收入概念，以他的持久收入假说发展消费函数理论，并从持久收入、持久消费、暂时收入、暂时消费的角度重新解释了收入消费的长期均衡和短期波动的关系。弗里德曼把当前收入看作是永久收入和暂时收入的函数，而永久收入是人们预期将来也存在的收入部分。其函数方程为：

(1) $C = k(i, w, u)$

(2) $Y = YP + Yt$

(3) $C = Cp + Ct$

(4) $eCP \times C = eYPYt = eYtCt$

方程中 C 表示现期消费，Y 表示现期收入，YP 表示持久收入，Yt 表示暂时收入，Cp 表示持久消费，Ct 表示暂时消费。式（4）则表示持久收入与暂时收入之间、持久消费与暂时消费之间、现期收入与现期消费之间，不存在任何固定的比例关系。由于生命周期理论的精髓在于可以专注于研究生命特征变化引起的"急需"（Modiligliani, 1986），而持久收入理论重视关注消费的动态行为，尤其是超越了短期行为的消费—收入动态关系。其基本假设基于消费者是理性的、追求跨时效用最大化或一生效用最大化、将规避风险行为常规化和具有消费的时间偏好。由于两者很多推论相似，所以常常被结合在一起讨论。

第三节 二元消费的机理探析

一 体制根源：工业化与城镇化的发展路径

制度障碍和身份区隔始终是制约农民工消费的深层因素。新中国成立后，我国采取了"以农补工、以乡保城"的发展模式，这种模式在为我国快速奠定工业基础的同时，也形成了政府投资的"城市偏好"，最终导致城镇获得了社会固定投资的绝大多数（见图4.2），1990年城镇固定投资在全社会投资的比例是72.25%，是农村固定投资的2倍以上，具有明显优势，2010年城镇固定投资占全社会固定投资的86.81%，是农村固定投资的6.58倍。优先工业化与倾向城镇化的发展路径势必将农村居民排斥于社会福利体系之外，农民工也概莫能外。

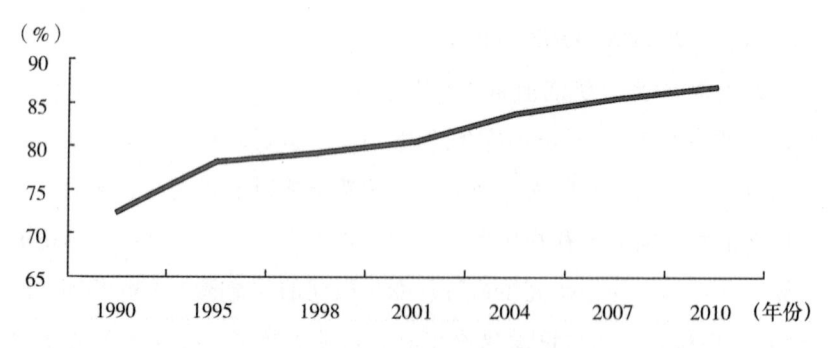

图4.2 1990—2010年中国城镇固定投资占全社会固定投资比例

资料来源：根据历年中国统计年鉴相关数据整理而得。

改革开放初期，基于当时人民公社、农产品统购统销、城乡隔离户籍制度的体制现状，我国政府采取了低成本工业化与高成本城镇化相结合的发展路径，即一方面充分利用农村廉价的剩余劳动力发展工业，同时又以户籍制度和高昂的城镇化成本为阻隔，试图将本该由政府及企业承担的工业化成本转嫁给农民工群体,这就导致农民工在成为产业工人的同时,并未享受城市居民同等的工资收入和福利待遇。农民工在实现生产方式现代化的同时,其消费方式依然停留在传统模式,最终形成"进城务工,回乡消费"的消费模式,因而工业化与城镇化的发展路径就成为我国农民工城乡二元消费分布的制度根源。进入21世纪以来,我国城镇化进程大大加快,城镇化率以每年1%左右的速度迅猛增长,而农民工成为城镇化的增量主体。但其属于典型的打工型城镇化,即农民工在城市务工、养老和子女教育都在农村。因而农民工市民化的进程远远落后于城镇化速度,也就是人的城镇化落后于土地的城镇化。国内有学者称这种不彻底的农村剩余劳动力迁移为"伪城镇化"。这种模式最终使农民工的身份转换滞后于职业转换、家庭迁移滞后于劳动力迁移、人口城镇化滞后于土地城镇化,最终固化其消费的二元特征。

二　核心要素:消费风险分散机制的匮乏

教育、养老、医疗成为当前农民工的三大消费隐患,追本溯源在于缺乏一套消费风险的分散机制。我国农民工迁徙与西方农村剩余劳动力迁移在消费风险分散路径方面存在显著差异。一方面,农民工进入城市变成产业工人后,不能做到与城市居民的"同工同酬",更不能享受城市居民的各种福利,因而农民工缺乏对消费风险的分担机制。更为重要的是,由于农村家庭联产承包责任制度的实施,农民工进城务工后其土地使用权依然存在,土地承包制度为农民工提供了风险保障,农民工也只能依赖其分担消费风险,见图4.3。同时,由于社会观念和意识变迁滞后于制度变迁,即使农民工成为过去10年收入增速最快的群体,挣钱返乡依然成为农民工的生活预期,最终形成其"进城务工,回乡消费"的消费模式,使农民工的城乡二元消费现象得到固化。

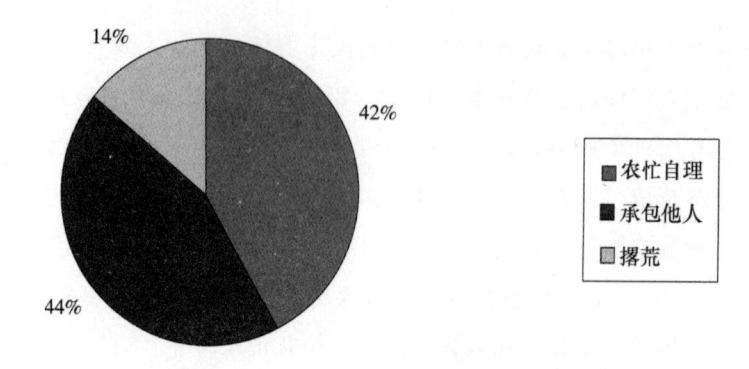

图 4.3　2013 年农民工处理土地方式

三　迁徙模式：个人与家庭消费的新均衡

我国农民工进城务工与西方农村剩余劳动力流动有着很大差异。以英国"圈地运动"和美国"西进运动"为代表，西方发达国家的农村剩余劳动力向工业的转移与其市民化进程几乎是同步进行。英美政府在剥夺农村居民土地的同时，也为其融入城市创造各种条件，包括社会保险、医疗补助及廉租房等政策支持，最终使其农村剩余劳动力向城市的迁徙非常彻底，属于典型的永久性迁徙模式。与西方永久性迁徙模式形成鲜明对比的是，我国农民工迁徙的暂时性特征，这与我国土地承包制度及城乡二元结构体制有着很大关系。农民工进城务工之后，虽然收入与之前在农村相比，有了很大提高，但与城镇居民相比，工作的不稳定、收入的低水平、社会保障的缺失、过高的城市生活成本以及城市居民的排斥与歧视，都导致我国农民工很难像发达国家的农村剩余劳动力那样，产生从乡村向城市的永久性迁移，而只能停留在暂时性迁徙的阶段。农民工的这种暂时性迁移势必会对其未来生活安排造成很大影响，形成其个人消费与家人消费的城乡地域分割。多数农民工的消费预算多以家庭为核算单位，故而其消费利他主义就会成为一种必然，而这会对其城乡消费分布产生重大影响。因此，农民工城市消费的量入为出、节衣缩食及追求实用特征以及农村汇款的广泛存在就不难理解。

四 个体特征：消费模式碰撞与观念转型

农民工在经历从务农到工人职业转换的同时，也切身体会到城乡迥异的消费模式碰撞。由于自身教育限制及信息不对称的存在，农民工的从众消费行为比较普遍，农民工作为农村居民，要参照家乡成员及打工群体的消费方式；同时作为城市打工一族，他们必然会受到城市居民消费模式的影响。大众传媒使农民工成为城市消费方式的接受者，也使其成为农村邻居亲戚的传播者，这种消费参考群体的多元化必然会对其消费模式造成影响。在城市和农村的往返中，农民工经历了社会地位和消费角色的转换，最终体现为城乡之间不同的消费行为。另外，中国家庭关系的主轴经历由父母子女纵向关系向夫妻横向关系的缓慢转型，家庭作为一个不可分割的整体，使农民工消费的利他主义行为成为必然。农民工消费受制于家庭期望及本人对家庭的责任，农民工多通过农民工汇款来解决个人与家庭成员消费的均衡问题，这是其消费二元性形成的重要原因。

值得注意的是，随着新生代农民工日益成为我国农民工的主体构成部分，其消费观念与传统农民工有着较大差异。对于新生代农民工而言，由于他们文化程度普遍偏高，很多从小就在城市长大，与农村、农业的联系日渐疏远，其未来生活预期更多属于融入城市而非返回农村。因此，新生代农民工的消费行为呈现出典型的符号消费特征，即受城市居民消费的示范效应影响比较明显，这种通过符号消费来融入城市和确认身份认同的行为模式，势必会挤压农民工在个人人力资本方面的消费支出，最终形成符号消费与抑制型消费同时并存的二元消费模式。

五 产品供给：政府缺位与企业歧视

在探讨农民工消费二元性的形成机理（见图4.4）方面，除了考虑需求因素外，还必须考虑供给要素。随着城市化的进一步推进，农民工的个人消费逐步演变为以国家为中介的社会化集团消费，消费能力不完全由农民工的生产地位决定，政府在满足住房、医疗、教育、交通等基本消费需求方面作用凸显。但我国政府在公共产品服务方面存在"城市偏好"的倾向，农民工作为产业工人实现了生产过程的现代化，但其消费过程依然处于传统模式，无法与城镇居民一样，享受到相应保障福利，最终体现为农民工私人消费与社会消费的巨大差异。另外，当前国内企业在产品与服务的生产上仍以城市居民为导向，仅将设计过时、质量较次的商品销售给农民工，未能从设计、宣传、生产、物流、服务等多个层面综合考虑到农民工的消费特征，存在普遍的生产歧视，这就造成部分农民工"持币观望"的消费状态，进一步固化了城乡二元消费模式。

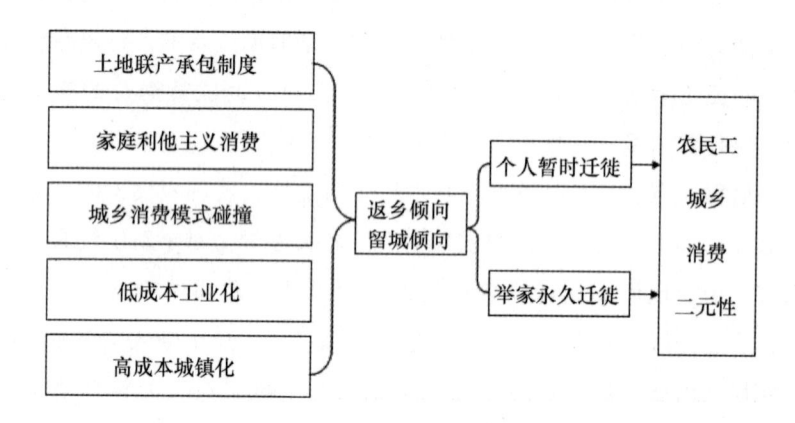

图4.4 农民工城乡二元消费形成机理

本章小结

本章主要围绕农民工消费二元性的形成机理展开理论分析，在对经典消费理论进行回顾之后，重点对与农民工二元消费相关的炫耀性消费理论、符号消费理论及生命周期消费理论展开分析，然后从体制根源、核心要素、迁徙模式、个体特征及产品供给五个视角凝练消费

第四章 消费二元性的形成机理分析

二元性的形成机理。研究表明，农民工消费的城乡二元性并非某一单一因素所决定，而是包括收入稳定性、城市融入、身份认同、社会保障、消费信贷等一系列政策的结果。因此，在下一章节，本书尝试就上述视角展开对消费二元性形成的实证分析，以彻底厘清其形成机理。

第五章

消费二元性形成的实证分析

对于农民工城乡二元消费的实证分析,我们更多地着眼于农民工在打工城市和农村家乡的消费分布规模。由于农民工消费,要么在城市,要么在农村进行,城市消费和农村消费如同一枚硬币的两面。因此,基于不同收入、城市融入、身份认同以及消费信贷的视角出发,我们以农民工城市消费为研究对象,试图分析其形成机理。

第一节 理论基础与研究假设

一 收入对农民工消费影响的理论分析

自凯恩斯(1936)发表《就业、利息和货币通论》伊始,居民消费理论至今已发展 70 余年,历经了绝对收入假说、相对收入假说、持久收入假说、生命周期理论以及预期理论等多种理论,虽然其分析居民消费的视角有所区别,强调的变量也各有不同,但是没有任何一个消费理论可以否定收入对于消费的影响。因此,对于农民工消费的形成机理而言,首先需要探究收入对其的影响逻辑。收入除了大小数量特征之外,各种理论假说更加关注收入性质对消费的影响。其中,包括绝对收入与相对收入、持久性收入与暂时性收入以及预期收入之分。凯恩斯认为,即期消

费与即期收入之间存在着稳定关系，并构建其消费函数为

$$C = \alpha + \beta Y_t$$

其中，C 为现期消费，α 为自发消费，β 为边际消费倾向，Y_t 为即期收入，βY_t 表示引致消费。因此，我们提出假设：

H_1：个人即期收入对农民工城市消费产生积极影响。

此外，杜森贝利提出相对收入假说，他指出消费支出除受当前收入影响外，还受过去的最高收入影响。这点其实与农民工消费行为不符，因为农民工自进城务工之后，其收入水平普遍上升，已远超农村经营收入，因而引发消费水平稳定上升。就农民工家庭而言，工资性收入相对于农业经营收入其性质更接近于持久性收入。但是，杜森贝利所提出的消费者的"消费示范"效应，即容易受到他人消费行为影响，在农民工消费行为中得到了很大体现，尤其是新生代农民工其无论是消费行为、消费习惯还是消费态度，无一不受到同龄城市居民消费模式的显著影响。因此，我们提出第二条假设：

H_2：市民消费对农民工城市消费产生积极影响。

最后，弗里德曼所提出的持久收入假说认为，消费不受现行收入决定，而受持久平均收入影响。该理论更加适合于具有一定人力资本的消费者，对其职业和获取财富能力都有一定要求，这或许跟弗里德曼消费函数的微观基础——美国居民消费特征相关，但是持久收入假说与农民工消费行为显然不符。与此相反，霍尔指出，消费不仅取决于当前收入，而且与居民的预期收入直接相关。据笔者前文所述，当前农民工边际消费倾向不仅小于城镇居民，而且也落后于农村居民。在其收入水平高于农村居民的前提下，消费倾向落后的一个重要原因在于农民工未来收入预期的不稳定，因此我们提出了第三条假说：

H_3：预期收入增长对农民工城市消费产生积极影响。

二 城市融入、身份认同对消费的影响

我国农民工消费的特殊性在于其身份辨识的两难困境。虽然与全球所有发达国家相似，都经历了农村剩余劳动力向城镇逐步转移的过程，但我国的市民化进程与城镇化进程并不一致，市民化的严重滞后给农民工的城市融入和身份认同带来了很多困难，因而有学者称我国的城镇化模式为"伪城镇化"，即属于土地的城镇化而非人的城镇化。由于市民化能力的不足以及一系列城乡二元的制度约束，导致农民工进城之后虽然发生了职业更替，但其工作的不稳定、收入的低水平、社会福利的缺失、居住环境的隔离以及城市居民的歧视都对其真正融入城市造成很大障碍。同时，随着农民工外出务工时间的积累，电视、手机、电脑等现代媒介的宣传以及同龄城市居民的消费示范，都使更多的农民工开始关注个人的身份认同问题，即自己到底是"城里人"还是"城市人"。身份认同意识的觉醒在促进农民工城市融入的同时，更对其消费行为产生重大影响，因此从众消费、炫耀性消费以及"示差"消费得以产生，部分农民工更愿意通过消费行为来增强其"城市居民"的身份认同。鉴于以上理论分析，考虑到数据的可获取性及客观性，结合调研问卷，笔者提出以下假设：

H_4：举家外出务工对农民工城市消费产生积极影响；

H_5：务工时间较长对农民工城市消费产生积极影响；

H_6：频繁更换工作对农民工城市消费产生消极影响；

H_7：习惯城市生活对农民工城市消费产生积极影响；

H_8：市民定位清晰对农民工城市消费产生积极影响；

H_9：市民消费对农民工城市消费产生积极影响。

三 社会保障、消费信贷对消费的影响

根据莫迪利安尼的生命周期假说理论，作为一个理性的消费

第五章　消费二元性形成的实证分析

者，其支出会以效用最大化为原则，以一生收入安排其消费。由于退休后收入势必减少，因而大部分消费者会在年轻时期增加储蓄，最终形成一种消费的"前瞻性行为"。布伦伯格进一步构建了生命周期消费模型，即

$$C_t = \alpha Y_t + \beta A_t + \varepsilon_t。$$

其中，C_t 为第 t 期的消费支出，Y_t 为第 t 期的现期收入，A_t 为第 t 期消费者个人所拥有的资产。

根据我国农民工城乡二元消费现状以及生命周期消费假说，笔者认为，我国农民工的消费行为非常契合生命周期消费模型。众所周知，农民工进城务工之后，基于消费效用最大化的理性考虑，在自身被排斥于城镇社会保障体系之外的前提下，出于年老退休丧失劳动力的考虑，最终形成"进城挣钱，返乡消费"的消费模式。基于上述分析，我们提出第10个假设，即

H_{10}：社会保障数量对城市消费产生积极影响。

另外，根据预防性储蓄理论，消费者对不确定性的接受程度对其消费有显著影响，考虑到农民工整体上对不确定性的风险厌恶程度偏低，在低收入水平的约束下，如能为其提供消费信贷等金融支持，则大大有助于其缓解消费困境，所以我们提出了第11个假设，即

H_{11}：消费信贷对城市消费产生积极影响。

总之，在上述理论分析之后，笔者试图以居民消费的绝对收入假说和生命周期理论为模型基础，在考虑农民工城乡二元消费现状的前提下，遴选城市融入、身份认同、社会保障及消费信贷等关键变量，提出理论模型如下：

$$\begin{aligned} consumption = &\alpha + \beta_1 \times income + \beta_2 \times income\_source + \beta_3 \times expect\_\\ &income + \beta_4 \times work\_out + \beta_5 \times work\_hours + \beta_6 \times\\ &work\_change + \beta_7 \times city\_life + \beta_8 \times city\_location +\\ &\beta_9 \times city\_consumption + \beta_{10} \times social\_security + \mu \end{aligned}$$

其中，$consumption$（Con）为月均消费支出；$income$（In）为收入；$income\_source$（Ins）指家庭收入来源；$expect\_income$（Ein）为预期收入；$work\_out$（Wo）指举家外出务工；$work\_hours$（Wh）为务工时间；$work\_change$（Wc）指更换工作次数；$city\_life$（Cli）指习惯城市生活；$city\_location$（Clo）指自身市民定位；$city\_consumption$（$Ccon$）为市民消费示范效应；$social\_security$（Ss）参与社会保障数量。

第二节 问卷设计与数据收集

一 调研方法及样本说明

为厘清农民工城乡二元消费现状，本书以国家社科基金项目课题"城乡消费差异的农民市民化效应研究"（编号：11BSH013）及"西部农村居民消费潜能释放研究"（编号：14BSH067）为基础，以本课题组成员为依托，先后组织陕西师范大学、西安石油大学60多名学生，利用2013年12月至2014年2月寒假的返乡时间，对我国东、中、西部地区30省市的农村地区农民工进行入户调研。[①] 本次调查以采取入户访谈并填写问卷等形式展开，为了保证问卷的有效性，同时为获得农民工消费的第一手资料，2013年7月课题组成员先后在西安周边农村，包括长安区郭杜街、富平淡村镇、户县苍游镇、兴平市东城办等处进行入户访谈，试调研100名农民工，以检验问卷题目设计的易懂性、无歧义、逻辑严密性及采访可操作性，在对问卷进行三次较大的修改之后开始正式发放，调研范围涉及的省市见表5.1。

---

① 本章所有图表使用数据除单独标注外，皆来自于本课题组调研数据，在此说明，以后不再单独标注。

表 5.1　　　　　　　　农民工户籍地分布情况　　　　　　单位：人、%

省区	人数	百分比	省区	人数	百分比	省区	人数	百分比
东部			中部			西部（陕西除外）		
山东	80	7.47	吉林	21	1.96	广西	22	2.05
浙江	22	2.05	黑龙江	21	1.96	西藏	20	1.87
福建	15	1.40	湖北	34	3.17	宁夏	25	2.33
广东	20	1.87	河南	52	4.86	甘肃	21	1.96
江苏	16	1.49	安徽	23	2.15	内蒙古	23	2.15
北京	21	1.96	山西	15	1.40	青海	47	4.39
辽宁	23	2.15	湖南	25	2.33	新疆	27	2.52
海南	19	1.77	江西	20	1.87	云南	21	1.96
河北	27	2.52				重庆	19	1.77
上海	18	1.68				四川	47	4.39
天津	22	2.05				贵州	35	3.27
小计	283	26.4	小计	211	19.7	陕西	260	25.2
合计			1071			小计	307	28.7

注：以上区域划分依据1986年全国人大六届四次会议通过的"七五"计划正式提出的东、中、西地区的行政划分标准。

围绕着农民工人口特征、收入与消费现状以及消费二元分布等三个线索设计问卷，具体包括农民工收入水平、收入预期、消费水平、消费结构、消费储蓄及汇款比例、城乡消费分布、汇款用途，吃、穿、住、行等基本消费与通信、交通、教育等消费方式、消费态度，以及城市居民的身份认同及融入倾向等。本次调研共计发放问卷1400份，收回1285份，回收率为91.78%，经过本课题组的逻辑审查、经验判断及抽样检验，确认有效问卷为1071份，有效率为83.35%。

二 问卷设计原则

（一）科学性与易懂性的均衡原则

为了获得有价值的研究数据，本书问卷的设计以社会学、心理学、经济学、消费行为学等相关理论为基础，力求全面了解我国农民工的收入水平、储蓄与汇款比例、消费水平与结构以及消费的城乡分布等关键问题。另外，考虑到大多数农民工的知识水平及专业背景，在问卷的设计上，我们尽量把握问题提出的易懂性与自身科学性的均衡性。首先，尽量使用短句，达到言简意赅，以保证语言上不会产生歧义。其次，我们尽量更多地采用选择、填空等题型，以使农民工回答问题更加便捷。最后，考虑到农民工一般不习惯正式性访谈，我们选择访问与本人填写相结合的访谈方式，将受访者的回答时间限制在25分钟以内，尽可能地营造出轻松的访谈氛围。

（二）谨慎性原则

为了尽量提升问卷的有效性，我们从问卷设计、问卷调研到数据录入等环节都以认真、谨慎的工作态度进行，反复核对。第一，正式调查问卷发放前，我们事先进行了三次准备调研工作。具体而言，以西安市周边农村地区为样本区域，采访100名农民工，以检验问卷题目设计的逻辑性、易懂性及其操作性等，然后根据试调研存在的问题进行调整，经过三次较大的调整之后，使问卷的有效性和科学性得以提高。第二，对回收的1285份问卷以"两两分组录入，比对校对"的方式进行录入，剔除内容不完整、有明显逻辑错误的112份，正式录入问卷共1173份，经过检验、逻辑判断及抽样筛选三个环节，最终确认有效问卷1071份。

（三）实事求是原则

在学生寒假调研之前，分别对调研学生进行系统性培训，以提高调研人员的重视程度并提升其调研水平。我们首先从陕西师范大学、

第五章 消费二元性形成的实证分析

西安石油大学不同的生源地挑选80名学生,给每位学生发放调研问卷20份。为保证问卷的真实性及有效性,我们要求每份调研问卷必须签署具体的调研信息,包括调研时间、访谈地点以及联系方式等,以便我们进行调查复核。其次,由于本次问卷设计题目较多,部分问题涉及农民工收入、消费的具体财务数据,因此就如何打消农民工担心隐私外泄的疑虑及避免被调查人员随意填写等环节进行具体培训,从而有效地保证了问卷质量。

三 农民工个体人口学特征说明

在本次受访的1071个农民工中,男性农民工比例达到56%,仍具有一定的性别优势,这说明当前我国农民工仍以男性为主。同时,我们可以看到,80后、90后新生代农民工已成为当下我国农民工的主流,其占比已达到53%(见表5.2),而且未来还有进一步增长的趋势。就所调查农民工的户籍分布而言,除上海、天津、湖南和江西四省市外,基本上可以覆盖我国东部、中部及西部地区的主要省份;而农民工的打工区域分布则更为均衡,除了湖南和江西两省外,其余29个省市全部被覆盖。

值得注意的是,本次调查数据显示,东部区域省市对农民工的择业依然具有一定的吸引力,从全国范围来看,依然有近1/3的农民工选择在东部就业;但是,近年来这一比例有所下降,农民工本省、本市、本县以及本乡就近择业的趋势非常显著,以西部省市的农民工为例,有高达81%的农民工选择在西部就近打工。[①]

[①] 打工地、户籍地划分参照国家统计局的《农民工监测报告》,其中,东部包括北京、天津、河北、辽宁、上海、江苏、浙江、福建、山东、广东、海南;中部包括山西、吉林、黑龙江、安徽、江西、河南、湖北、湖南;西部包括内蒙古、广西、重庆、四川、贵州、云南、西藏、陕西、甘肃、青海、宁夏、新疆。

表 5.2　　　　　　　被调查农民工的社会人口结构特征　　　　　单位：人、%

项目		人数	百分比	项目		人数	百分比	项目		人数	百分比
性别	男	606	56	子女情况	无子女	207	19	从事行业	运输	63	6
	女	472	44		一个	511	48		建筑	259	24
年龄	80后、90后	570	53		二个	293	27		商业	152	14
	60后、70后	508	47		三个	67	6		餐饮	223	21
									其他	381	35
婚姻	未婚	304	28					工作岗位	厂长	11	1
	已婚	744	70	打工地人数	一人	524	49		主任	23	2
	丧偶	30	2		夫妻	303	28		领班	144	13
学历	小学	166	15		带小孩	251	23		技工	117	11
	初中	458	43						业务员	71	7
	高中	295	27						服务员	355	33
	大专	159	15						辅工	235	22
户籍地	东部	283	56.4	打工地	东部	342	32		其他	122	11
	中部	211	19.7		中部	99	9				
	西部	567	53.9		西部	637	59	有效样本总和：		1071	

就农民工学历而言，43%的农民工为初中学历，高中学历的比例则为27%，而小学与大专的比例相同，皆为15%，与10年前相比，农民工的学历水平整体有所提高。另外，从图5.1中不难发现，农民工的就业行业分布构成中，制造业、建筑业及住宿餐饮业分居前三位，其比例分别为29%、24%和21%，而批发零售业次之，占到14%的比重，居民服务业和运输仓储业的比重较小，皆为6%。另外，从三大产业的分布来看，第一产业几乎可以忽略不计，第二、三产业的比重比较均衡，第二产业（由制造业和建筑业构成）略占优势，占据53%。

另外，具体到农民工就业岗位的选择上，服务员和辅工成为最主要的两个就业岗位，而领班、技工和业务员次之。从图5.2中不难看出，主任和厂长的比例非常低，这说明当前农民工的就业岗位主要还是局限在基础性及辅助性等体力劳动上面，其在公司的职业上升空间

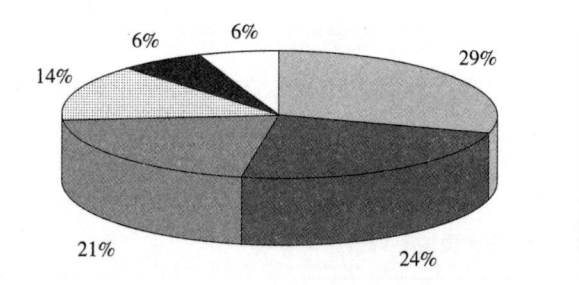

第五章 消费二元性形成的实证分析

图 5.1 2013 年农民工从事行业分布

非常有限。同时,我们对调查问卷的分析也表明,农民工外出务工时间平均为 6.06 年,换工作次数为 2.47 次,54% 的农民工集中于服务员和辅工两种岗位。另外,从外出打工家庭成员人数来看,54% 的农民工属于一人打工,夫妻双方打工的比例为 31%,而仅有 15% 的农民工选择举家外出打工。

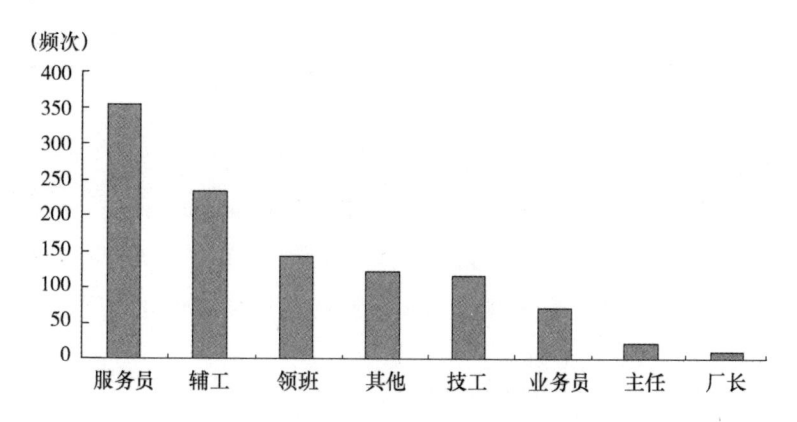

图 5.2 2013 年农民工就业岗位排名

第三节　农民工城乡二元消费的实证分析

一　数据统计及处理

(一)数据描述性统计

为了全面了解数据的基本信息,一般在进行数据分析的初期需要对数据进行描述性统计分析。通过描述性的统计指标均值和方差了解样本分布的集中和离散状态。本书采用 SPSS22.0 软件计算相关变量的均值和方差，具体统计结果如表 5.3 所示。

表 5.3　　　　　　　　各变量的平均值和标准差

变量	均值	标准差	变量	均值	标准差
消费支出（consumption, Con）	1389.237	956.279	更换工作时间（work_change, Wc）	2.563	2.8765
个人工资收入（income, In）	2619.113	1177.989	习惯城市生活（city_life, Cli）	3.334	0.8967
收入来源（income_source, Ins）	80.053	25.3466	市民定位（city_location, Clo）	2.803	0.8030
预期收入（expect_income, Ein）	3.404	0.9599	市民消费（city_consumption, Ccon）	2.441	1.0349
举家外出务工（work_out, Wo）	1.537	0.7171	社会保障数量（social_security, Ss）	1.684	0.8731
务工时间（work_hours, Wh）	6.101	5.1551			

（二）数据处理

从数据描述性统计可知，由于问卷题项涉及的数据类型、数量级、单位均不相同，故各变量的均值和方差之间存在较大差异。为消除以上因素造成的不同影响，需要对数据进行标准化处理（标准差标准化法），具体公式如下：

$$x_i^* = \frac{x_i - \bar{x}}{\sqrt{\frac{1}{n}(x_i - \bar{x})^2}}$$

其中，x_i 为样本数据，n 为样本个数，$\bar{x}$ 为样本均值。

二　相关系数分析

为进一步考察各变量之间的关系，并为后续实证过程提供分析基础，本书采用皮尔逊相关系数（Pearson Correlation Coefficient）计算变量间的相关系数（见表 5.4），具体计算公式如下：

$$P_N = \frac{\sum XY - \dfrac{\sum X \sum Y}{N}}{\sqrt{\left(\sum X^2 - \dfrac{(\sum X)^2}{N}\right)\left(\sum Y^2 - \dfrac{(\sum Y)^2}{N}\right)}}$$

其中，X、Y 为样本数据，N 为样本个数。

表 5.4　　　　　　　　各变量之间的相关系数

	Con	In	Ins	Ein	Wo	Wh	Wc	Cli	Clo	Ccon	Ss
Con	1										
In	0.325** (0.000)	1									
Ins	-0.019 (0.518)	0.083** (0.007)	1								
Ein	0.075* (0.014)	0.124** (0.000)	0.025 (0.416)	1							
Wo	0.125** (0.000)	0.010 (0.744)	0.103** (0.001)	0.081** (0.008)	1						
Wh	0.154** (0.000)	0.139** (0.000)	0.140** (0.001)	0.000 (0.993)	0.247** (0.000)	1					
Wc	-0.029 (0.345)	0.010 (0.747)	0.104** (0.001)	-0.017 (0.589)	0.088** (0.004)	0.347** (0.000)	1				
Cli	0.095** (0.002)	0.150** (0.000)	0.079** (0.010)	0.070* (0.020)	0.077* (0.012)	0.067* (0.028)	-0.022 (0.473)	1			
Clo	0.055 (0.072)	0.054 (0.078)	0.035 (0.253)	0.072* (0.019)	0.094** (0.002)	0.055 (0.070)	0.053 (0.082)	0.482** (0.000)	1		
Ccon	0.088** (0.004)	0.132** (0.000)	0.000 (0.998)	0.049 (0.108)	0.005 (0.882)	-0.047 (0.127)	-0.006 (0.829)	0.192** (0.000)	0.274** (0.000)	1	
Ss	0.102** (0.001)	0.061* (0.048)	-0.082** (0.08)	0.077* (0.012)	0.057 (0.064)	0.073* (0.016)	0.052 (0.089)	0.012 (0.687)	0.030 (0.330)	0.018 (0.556)	1

注：括号内的统计值为 P 值，** 表示在 0.01 显著性水平上显著，* 表示在 0.05 显著性水平上显著。

表 5.4 列举了本研究所涉及的所有变量的皮尔逊相关系数。具体可知，收入来源、预期收入、举家外出务工、务工时间、更换工作时间、习惯城市生活、市民定位、市民消费、社会保障数量各自与消费支出之间的相关系数大部分在 0.01 水平上显著。然而相关系数无法揭示多个变量对农民工城市消费的影响程度。因此，下面将借助回归

模型进一步从收入因素、城市融入、身份认同和社会保障四个方面展开分析。

三 回归分析

为观察各因素对农民工城市消费的影响，本书首先从收入因素入手，然后逐步增加城市融入、身份认同以及社会保障因素变量，最后对比分析不同消费信贷条件下以上四类因素对农民工城市消费情况的差异。综上考虑，本书共构建了6个回归模型，其结果如表5.5所示。

表5.5　　　　　　　　各模型回归结果汇总

	Model 1	Model 2	Model 3	Model 4	Model 5 (credit=1)	Model 6 (credit=2)
income	0.325*** (0.000)	0.305*** (0.000)	0.300*** (0.000)	0.297*** (0.000)	0.178** (0.042)	0.315*** (0.000)
income_source	-0.048 (0.101)	-0.068** (0.019)	-0.067** (0.020)	-0.0601** (0.038)	-0.125 (0.164)	-0.055* (0.073)
expect_income	0.036 (0.220)	0.027 (0.353)	0.026 (0.374)	0.021 (0.464)	-0.113 (0.128)	0.039 (0.214)
work_out		0.101*** (0.001)	0.101*** (0.001)	0.098*** (0.001)	0.084 (0.301)	0.096*** (0.003)
work_hours		0.120*** (0.000)	0.124*** (0.000)	0.119*** (0.000)	0.221** (0.011)	0.103*** (0.003)
work_change		-0.074** (0.015)	-0.075** (0.014)	-0.078** (0.011)	-0.027 (0.757)	-0.086*** (0.008)
city_life		0.035 (0.230)	0.026 (0.440)	0.026 (0.429)	0.229** (0.022)	-0.004 (0.898)
city_location			0.002 (0.949)	0.001 (0.978)	-0.065 (0.496)	0.012 (0.730)
city_consumption			0.046 (0.125)	0.046 (0.128)	-0.050 (0.548)	0.063* (0.053)
social_security				0.066** (0.023)	0.040 (0.606)	0.071** (0.023)
$Adj-R^2$	0.107	0.134	0.134	0.137	0.087	0.150

注：括号内的统计值为P值，*表示在0.1显著性水平上显著，**表示在0.05显著性水平上显著，***表示在0.01显著性水平上显著。

四　检验分析

（一）多重共线性检验

由于构建的是多元回归模型，为确保实证结果的精确性没有受到解释变量之间高度相关性的影响，有必要对模型进行多重共线性检验。本书利用膨胀因子（Variance Inflation Factor，VIF）进行检验，其基本原理是解释变量之间存在多重共线性时的方差与不存在多重共线性时的方差之比，故一般情况下，容忍度的倒数，VIF 越大，显示共线性越严重。经验判断方法是：当 $0 < VIF < 10$，不存在多重共线性；当 $10 \leqslant VIF < 100$，存在较强的多重共线性；当 $VIF \geqslant 100$，存在严重多重共线性。由表 5.6 可知，各变量的 VIF 均在 1~10 之间，故模型中不存在多重共线性问题。

表 5.6　　　　　　　　　　多重共线性检验

变量	VIF	1/VIF
city_location	1.38	0.723706
city_life	1.35	0.742301
work_hours	1.25	0.800012
work_change	1.15	0.867447
city_consumption	1.11	0.901233
work_out	1.09	0.918906
income	1.08	0.924552
income_source	1.05	0.953117
expect_income	1.03	0.967788
social_security	1.03	0.973928
Mean VIF	1.15	

（二）异方差检验：White 检验

由于问卷数据类型属于横截面数据，则实证结果很可能会面临异方差的问题。为验证模型是否存在异方差问题，本书采用 White 检验方法，具体结果见表 5.7。由表 5.7 可知，Chi 2（65）= 123.31，且 Prob > Chi 2 = 0.0000，则模型中存在明显的异方差问题。

表 5.7　　　　　　　　　异方差的 White 检验

Source	Chi 2	df	P
Heteroskedasticity	123.31	65	0.000
Skewness	23.90	10	0.008
Kurtosis	1.80	1	0.179
Total	149.01	76	0.000

（三）异方差检验：Szroeter's 秩检验

White 检验虽然检测出异方差存在，但没有分析出产生异方差的变量有哪些。鉴于此，本书在 White 检验后，引入 Szroeter's 秩检验，详见表 5.8。由表 5.8 可知，各解释变量均从不同程度产生异方差，但个人工资收入（income）变量产生的异方差最大，其 Chi 2 值为 154.29，且 P 值为 0.000。

表 5.8　　　　　　　　异方差的 Szroeter's 秩检验

变量	Chi 2	df	P
income	154.29	1	0.000
income_source	47.85	1	0.000
expect_income	16.23	1	0.000
work_out	46.51	1	0.000
work_hours	45.39	1	0.000
work_change	53.42	1	0.000
city_life	13.37	1	0.000
city_location	3.04	1	0.008
city_consumption	14.03	1	0.000
social_security	53.95	1	0.000

五 模型修正：广义最小二乘法

针对异方差的现象，在回归分析过程中一般采用广义最小二乘法（GLS）来对最小二乘法（OLS）的方法进行优化和修正。从 Szroeter's 秩检验可知，个人工资收入（income）变量产生的异方差最大，故在 GLS 分析过程中将个人工资收入变量平方的倒数作为权重 W，即每一个样本的观测值都乘以权重，修正后的回归结果如表 5.9 所示。

表 5.9　　　　　　　　　GLS 模型回归结果汇总

	Model 1	Model 2	Model 3	Model 4	Model 5 (credit=1)	Model 6 (credit=2)
income	0.442 (0.135)	0.441 (0.144)	0.399 (0.177)	0.399 (0.177)	0.469 (0.253)	0.397 (0.221)
income_source	0.209*** (0.000)	0.203*** (0.000)	0.191*** (0.000)	0.191*** (0.000)	0.233*** (0.000)	0.010*** (0.003)
expect_income	-0.121*** (0.000)	-0.098*** (0.000)	-0.119*** (0.000)	-0.119*** (0.000)	0.081 (0.103)	-0.144*** (0.000)
work_out		0.011 (0.693)	0.014 (0.608)	0.014 (0.611)	0.082* (0.073)	0.013 (0.669)
work_hours		0.148*** (0.000)	0.171*** (0.000)	0.171*** (0.000)	0.272*** (0.000)	0.082** (0.038)
work_change		-0.149*** (0.000)	-0.134*** (0.000)	-0.134*** (0.000)	0.056 (0.266)	-0.163*** (0.000)
city_life		-0.005 (0.866)	-0.027 (0.347)	-0.027 (0.351)	-0.100 (0.270)	0.019 (0.530)
city_location			0.040 (0.168)	0.040 (0.169)	0.270*** (0.000)	-0.045 (0.168)
city_consumption			0.161*** (0.000)	0.161*** (0.000)	-0.164*** (0.001)	0.218*** (0.000)
social_security				0.0001 (0.996)	0.029 (0.449)	0.029 (0.262)
C	-0.127*** (0.000)	-0.082*** (0.001)	-0.041 (0.112)	-0.041 (0.113)	-0.153*** (0.000)	-0.024 (0.423)
$Adj-R^2$	0.068	0.114	0.150	0.151	0.733	0.152

注：括号内的统计值为 P 值，* 表示在 0.1 显著性水平上显著，** 表示在 0.05 显著性水平上显著，*** 表示在 0.01 显著性水平上显著。

六 实证结果分析

（一）农民工工资性收入比例的增长有助于弥合城乡二元消费

从表 5.9 中 GLS 模型的回归结果来看，工资性收入在家庭收入的比重与农民工城市消费之间存在着显著的正相关关系，其影响系数高达 0.19，再考虑到消费信贷支持之后，可扩大到 0.25。即之前提出的假设 H_2：市民消费对农民工城市消费产生积极影响，得以成立。对于当前农民工家庭而言，其收入来源结构可划分为农业经营、外出务工、自营收入和转移收入四种。对于大部分家庭而言，农业经营与外出务工构成其家庭收入的主要来源，虽然政府转移性收入的绝对值近年来增加较快，但其在农民工家庭收入中所占的比重依然微不足道。

就前两种收入来源来看，根据调查问卷的数据显示，2013 年工资性收入在农民工家庭的比重均值已高达 80.1%，当然并非所有农村家庭比例都如此，但至少说明经过 20 年农民工进城务工的积累，农民工所带来的工资性收入对于其家庭的重要性更为突出。而工资性收入相对于农业经营收入，其最大不同在于稳定性和持久性，它在有效促进农民工城镇消费的同时，更有助于消除农民工的城乡二元消费现象。因此，对于农民工流入地政府而言，其一大任务在于鼓励城市中小企业的大力发展，以便为农民工提供更多的工作岗位，最终得以提高其家庭的工资性收入比重。

（二）预期收入增长的不确定致使城市消费缩减，会进一步加深农民工消费的城乡分割，无助于消除农民工城乡消费二元性现象

从模型 4 及模型 6 的实证分析结果中我们不难发现，农民工预期收入增长值与其城镇消费水平呈负相关关系，系数为 -0.119；如果农民工不能获得消费信贷支持，该系数会增加至 -0.144。因此，我们所提出的假设 H_3：预期收入增长对农民工城市消费产生积极影响，表面上看不能成立，事实上，恰恰相反。因为调查问卷数据显

示，在是否同意明年收入增长的判断中，农民工的平均选择分值为3.4，即处于不确定（赋值为3）和同意（赋值为4）之间，更倾向于不确定。可见，在对其明年收入的预测中，多数农民工对收入增长并不是很有信心。

从消费预期理论中我们得知，收入预期对于消费有决定性的影响，如果政府不采取措施提升农民工收入的增长预期，则农民工会进一步降低其消费倾向，回归到"进城挣钱，回乡消费"的传统消费模式当中，最终固化了城乡消费二元格局。一方面，农民工要多参加技能培训以提升就业竞争能力，只有自身就业能力提升了，才能保证工作的稳定性和收入的可持续增长；另一方面，对于政府和企业而言，要提供和改善农民工收入增长的环境，比如政府要加大对低收入农民工群体的转移支付力度，同时促使城市社会保障系统逐步向农民工开放；而对企业而言，在保证不拖欠农民工工资的前提下，可根据工作年限及业绩表现制定农民工工资的适度增长机制，同时增加农民工"三险一金"的缴纳比例。

（三）城市融入有助于提高农民工城镇消费水平，能从根源上改变其城乡二元消费模式

从几个模型的实证分析结果来看，假设 H_5 和假设 H_6 得到验证；而在消费信贷政策的支持下，假设 H_4 也得以成立；而假设 H_7 却没有得到很好的验证。由调查问卷数据统计可知，截止到2013年末，农民工平均外出务工工作时间为6.1年，在其进城务工的过程中，人均更换工作次数为2.6次。从实证分析结果我们发现，外出务工时间对城市消费的影响系数为0.171，而更换工作次数对城市消费的影响与前者相反，为 -0.134。我们知道，务工时间和更换工作在一定程度上代表了农民工的城市融入程度，农民工在城市工作时间越长，更换工作的次数越少，意味着其对城市的适应度在增强，则越有助于提升该群体的城市消费倾向，从而弥合城乡二元消费现象。

值得注意的是，在未考虑消费信贷政策支持的前提下，举家外出

务工对农民工个人的城镇消费影响极其微弱，显著水平值为0.611，影响系数也仅为0.014。而如果能够为农民工提供消费信贷政策支持，则该指标的影响系数虽然也不大，仅为0.082，但其显著水平提升至0.073，处于0.05~0.1的合理区间。因此，不难想象，农民工在举家进城务工之后，其面临着城市生活成本居高不下、收入水平增长缓慢及社会福利保障制度缺失等一系列难题，其消费更多地停留在满足生存消费这一较低层次。

银行及保险企业如果能够改革现有消费信贷政策，则势必会大幅刺激提升农民工家庭的消费需求，有助于其消费结构的升级换代，从而最终实现融入城市的梦想，而融入城市之后，农民工城乡消费的二元分布也就迎刃而解了。因此，政府和企业有必要也有义务为农民工提供相关技能培训，以提高其人力资本水平进而提高就业能力，减少更换工作所带来的收入中断，改革消费信贷审批制度，促使农民工在继生产方式上融入城市之后，从生活方式上真正融入到现代城市当中。

（四）农民工强烈的身份认同意识导致城镇居民对其消费示范效应明显

从模型4的实证分析结果来看，向往市民消费方式对农民工城镇消费的促进作用显著，其影响系数为0.161。更重要的是，在考虑到消费信贷政策支撑之后，市民身份的自我定位对农民工消费促进作用尤为突出，其影响系数高达0.27。通过对问卷的进一步梳理我们发现，在对"花钱应该像城里人一样追求生活质量"这一消费态度中，农民工的均值水平为2.44，处于反对（赋值为2）和中立（赋值为3）之间，这说明，农民工自进入城市工作进而生活之后，无一例外地受到周围消费环境和参照群体的影响，只是每个人程度不同而已。农民工对城市居民的消费方式，其实是"身不能至，心向往之"，城镇居民对农民工消费的示范效应显著。

另外，回归分析结果显示，在存在消费信贷支持的前提下，市民定位对城镇消费的影响系数高达 0.27，而且非常显著；相反，如果没有消费信贷政策作支撑，市民定位对城镇消费的影响系数竟为 -0.045。因此市民定位对城镇消费的影响与消费信贷政策的支撑密不可分。这与 80 后、90 后新生代农民工成为当前主体有很大关系，随着城市融入程度的逐步加深，新生代农民工对于自身身份的认同意识在快速苏醒，正如调查问卷所显示的，大部分新生代农民工未来并不愿意返回农村，而是想更深入地融入到城市当中。但是，市民身份认同的强烈愿望与其市民化能力之间相距甚远，越是如此，农民工就越想通过模仿同龄市民的消费行为来强化自己的身份认同。因此，政府应该为农民工的身份认同创造条件，通过对农民工强烈的身份认同进行引导，使农民工将其精力放在提高市民化能力，而非简单的模仿、从众和炫耀性消费等低层次方面。

（五）当前社会保障制度对农民工消费的促进作用有限

模型 4 至模型 6 三个模型中当前社会保障对民工消费均为正向作用，但影响系数都偏小。这说明当前我国农民工的养老、医疗等社会保障的参与度较低，对其消费促进作用非常有限。在本书调研问卷的分析当中，农民工参与社会保障的种类仅平均为 1.7 项，绝大部分农民工仅参加新型农村合作医疗保险，这种被排斥于城镇社会保障体系的境地，势必会增加农民工未来预期的不确定性，从而导致农民工增加预防性储蓄，减少当期消费水平，固化了其传统消费模式。更严重的是，城市社会保障的缺失会使农民工选择暂时性而非永久性迁移，而这无疑会使其消费的城乡二元性更为持久。

（六）消费信贷的制度创新对缓解农民工消费二元性意义重大

从上述模型回归分析的主要结果来看，消费信贷政策对于农民工城镇消费的支撑体现在各个方面，无论是工资性收入、预期收入、务工方式、城市融入还是身份认同，其对农民工消费的影响系数和显著程度都因消费信贷而有所不同。比如，在考虑消费信贷的条件下，工资性收入对消费的影响显著加强，其系数由 0.399 增加到 0.469；举家外出务工也有利于城市消费（0.082）；尤其是市民定位、身份认同对城市消费促进明显（0.27）。这对于当前我们缓解、弥合以及消除农民工的城乡二元消费的政策借鉴很有启发。在当前我国农民工难以快速市民化，同时短期内也不可能大规模返乡的背景下，如何解决处于城乡往返之间的农民工消费二元问题，或许在消费信贷等方面的制度创新就显得尤为重要，这为我们弥合城乡二元消费提供了一种操作性较强的解决思路。

本章小结

本章基于不同性质收入、城市融入程度、身份认同意识、社会保障体系以及消费信贷支持等视角展开实证分析。实证分析结论如下：

（1）工资性收入在家庭收入比例的增长有助于弥合城乡二元消费，而预期收入增长的不确定性与前者的效应相反。多数农民工对其未来收入增长欠缺信心，收入增长的预期并不显著。同时，城市融入也有助于提升农民工城镇消费水平，能从根源上改变其城乡二元消费模式。

（2）农民工强烈的身份认同意识导致城镇居民对其消费示范效应明显。回归分析的结果显示，向往市民消费方式对农民工城镇消费的促进作用显著，其影响系数为0.161，在考虑到消费信贷政策支撑之后，市民身份的自我定位对农民工消费促进作用尤为突出，其影响系数高达0.27。

（3）当前城镇社会保障制度对农民工消费的促进作用有限。在本书调研问卷的分析当中，农民工参与社会保障的种类平均仅为1.7项，绝大部分农民工仅参加新型农村合作医疗保险，这种被排斥于城镇社会保障体系的境地，势必会增加农民工未来预期的不确定性，从而导致农民工增加预防性储蓄，减少当期消费水平，固化了其传统消费模式。

(4) 消费信贷的制度创新对缓解农民工消费二元性意义重大。从模型回归分析的主要结果来看,消费信贷政策对于农民工城镇消费的支撑体现在各个方面,无论是工资性收入、预期收入、务工方式、城市融入还是身份认同,其对农民工消费的影响系数和显著程度都因消费信贷而有所不同。

第六章

消费二元性的趋势预判及社会效应

在对农民工城乡消费二元性的具体特征进行分析之后,我们尝试对消费二元性的发展趋势和社会效应做出分析。趋势预判主要从农民工人数总量、农民工未来流向分布、总消费规模及城乡消费分布偏好几个方面展开。而农民工城乡二元消费的社会效应则包括正负效应两方面。具体分析如下:

第一节 消费二元性趋势预判

一 农民工人数总量预测

归因于20世纪80年代农村家庭联产承包责任制的实施,再加上政府允许农村过剩劳动力进入城市,农民工在20世纪80年代初期开始出现,国务院统计数据显示,1983年外出就业农民工规模已达到200万人。① 随后经历了80年代的高速增长,截止到1997年城市国企改革开启城市工人下岗,外出就业农民工经历了第一个快速增长时期,其规模由

---

① 农民工数量的统计口径先后有国务院、劳动和社会保障部、农业部及国家统计局四家官方机构进行统计。由于在2000年以前,农民工仅简单地被归类为流动人口,因此除统计局外,相关机构的统计更多是以外地就业农民工为主,为了便于比较和开展持续研究,本书仅将2000年以后外出就业农民工数量与其对比,而非农民工总量,特此说明。另外,在以上四大机构的统计口径中,由于统计局覆盖面更为广泛,其涉及全国31省市的6.8万农户及7100个行政村,因此自2000年以来其统计数据已成为学界认可的权威数据。

· 104 ·

200万迅速增长到1989年的3000万。后来随着城市改革的进一步推进以及中国加入WTO的带动,农民工数量在新旧世纪交替之时迎来第二个高峰,2002年其规模首次突破1亿人,后经过10余年的持续增长,到2014年,外出就业农民工已高达1.68亿人(见表6.1),成为城市产业工人的重要部分和城镇化率的主要增量。

表6.1　　　　1983—2014年中国外出农民工数量及增速变化　　　单位:万人、%

年份	统计局	农业部	保障部	国务院	增速变化	备注
1983				200		
1989				3000	250	1983—1989年6年均值
1993				6200	51.67	1989—1993年4年均值
1995	7000				12.91	使用统计局数据
1996	7223				3.19	
1997			3890		-46.14	使用保障部数据
1998			4936		26.89	
1999			5204		5.43	
2000	7849		6133		8.67	使用统计局数据
2001	8399	8961			7.01	
2002	10470	9430			24.66(5.23)	
2003	11390	9820			8.79	
2004	11823	10260			3.80	
2005	12578	10824			6.39	
2006	13181	11490			4.79	
2008	14041	12600			6.52	
2009	14533				3.50	
2010	15335				5.52	
2011	15863				3.44	
2012	16336				2.98	
2013	16610				1.68	
2014	16821				1.27	

资料来源:根据《中国统计年鉴》《全国农民工监测调查报告》及农业部、社保部相关数据整理计算。

另外，我们应该看到，虽然农民工规模依然持续增长，但其增长率已显著下降。除了2002年的24.66%的增速之外，从2003年至2010年，外出就业农民工规模增长率始终处于5%左右的水平。而近五年来，外出农民工增速持续下滑，从2011年的3.44%降到2014年的1.27%，其未来增长率有可能进一步降低（见图6.1），有学者统计，外出农民工数量有望在2020—2025年达到峰值1.88亿，此后开始逐步减少。[150]这一方面与本地农民工的规模增加有关，另一方面更多地由农民工总规模的变化趋势所决定。2014年，我国农民工总量已达到2.74亿人，根据当前我国城镇化的推进速度以及农民工规模的增长率来推算，农民工规模有望在未来10年达到顶峰，其数量有可能突破3亿，之后逐渐趋于减少。

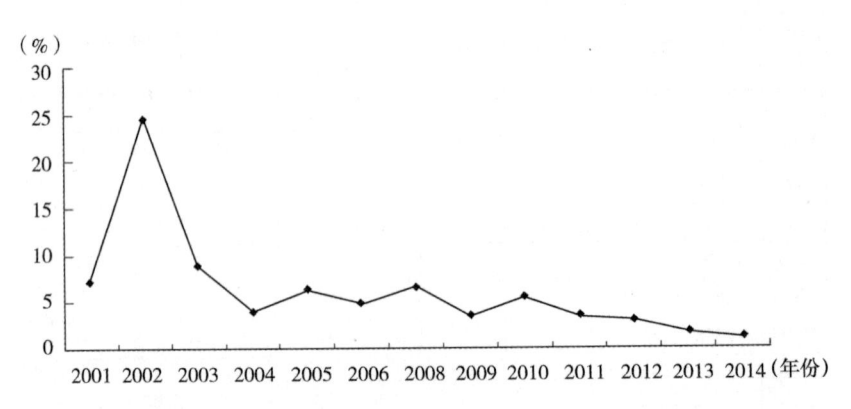

图6.1 2001—2014年外出就业农民工数量增长率变化

资料来源：根据国家统计局官方网站相关数据统计整理。

二 农民工未来流向预测

2014年，我国东部与中部地区农民工数量增速相同，皆为1.6%的水平，而西部农民工增速高达3.1%，几乎为前者的两倍。就不同级别城市而言，流入小城镇和地级市的农民工比例较高，占到79.1%的比例，省会城市和直辖市的比例分别为22.4%和8.1%，明

第六章 消费二元性的趋势预判及社会效应

显低于前者。就区域内部来看，东部外出农民工的跨省流动比例最低，为18.3%，而中、西部该数据分别为62.8%和53.9%，见表6.2。① 因此，总体而言，东部省份仍然是外出农民工主要的流动区域。但是，随着改革开放的进一步深入，我国经济逐步经历着东部向中西部的转移，虽然中西部经济规模与东部沿海省份还有较大差距，但是从经济增长速度而言，自2010年以来，中西部的代表性省份的增长率远高于东部城市。

表6.2　　　　　　2014年外出农民工地区分布及构成

按输出地分	外出农民工总量（万人）			构成（％）		
	外出农民工	跨省流动	省内流动	外出农民工	跨省流动	省内流动
东部地区	5001	916	4085	100.0	18.3	81.7
中部地区	6467	4064	2403	100.0	62.8	37.2
西部地区	5353	2887	2466	100.0	53.9	46.1
合计	16821	7867	8954	100.0	46.8	53.2

资料来源：国家统计局《2014年全国农民工监测调查报告》。

在未来10年，随着中西部地区工作机会的增加，其与东部省份的农民工薪酬差距会进一步缩小，其实在近两年的农民工工资增幅中，中西部已经开始高于东部地区，两者的绝对差距在逐步缩小。2014年，东、中、西部农民工人均月收入分别为2966元、2761元、2797元，考虑到西部地区较低的生活成本，其对农民工的吸引力大大加强。因而，与制造业企业向中西部内迁的步伐相一致，农民工已出现向中西部省份"回流"的趋势。2011年，深圳等一线城市的农民工人数开始减少，而遵循经济发展的轨迹，农民工的未来流向会逐

---

① 2014年，中国各省市GDP增速排名中，重庆、贵州、西藏、新疆位居前四，成为为数不多的增长率超过10%的省份。而陕西、湖北、江西、青海四省市的增速也位居前列，在增速最快的前十省份中，仅有福建和天津两个东部省市。而北京、上海的增长率低于全国7.4%的均值，广东、浙江等经济大省的增长率低于8%。

步转向重庆、陕西、河南、湖北及四川等中西部省份。

三 农民工消费规模测算

进入21世纪后，农民工由于其庞大规模及快速提升的收入水平，被诸多学者誉为消费"第三极"，那么其消费规模究竟有多大，未来又将如何发展，本书在此做出初步分析。本课题组调查问卷数据显示，2013年我国农民工月均消费1208元，考虑到该年度农民工2.68亿的庞大规模，其年消费总额可达到3.24万亿元的规模，与2013年国内生产总值（GDP）58.8万亿元的水平相比，占到5.51%的比重；另外，考虑到外出农民工1.66亿的人数规模，农民工的城镇消费额约为2.01万亿元，与该年度我国城镇消费品零售额20.25万亿的规模相比，占到9.93%的比例。①

另外，国家统计局发布的《2014年全国农民工监测调查报告》数据显示，2014年我国农民工总量为27395万人，而农民工月均生活消费为944元，则可计算该年度农民工消费总额为31033万元，即约3.1亿元，占该年度国内生产总值（GDP）63.65万亿元的4.87%；而该年度外出农民工规模为1.66亿，其在城市消费规模约为1.57万亿元，相当于城镇消费品零售额（22.64万亿元）的6.93%，比笔者测算的消费规模略小。② 而根据国内知名学者巴曙松2014年的测算，2015年我国农民工消费市场规模有望达到GDP的7.2%~10.9%，见表6.3。

---

① 农民工人数、中国城镇消费品零售额均来自《2014年中国统计年鉴》数据。
② 巴曙松假定农民工消费遵循生命周期模式，在GDP增长率8%以及农民工年收入增长率15%的假设前提下，分别从边际规模和存量资产两种口径预测，基于边际规模的预测数字为7.2%，而基于存量资产的预测数字为10.9%。考虑到中国经济进入新常态，而农民工工资增长率2014年回调明显，巴曙松有关农民工消费规模10.9%的占比显著偏高。详参巴曙松所著的《城镇化大转型的金融视角》一书。

表 6.3　　　不同学者对 2014 年农民工消费规模预测对比

	年份	月消费（元）	总消费规模（万亿元）	GDP 占比（%）	城镇消费规模（万亿元）	占城镇消费品零售额比例（%）
本书作者	2013	1208	3.24	5.51	2.01	9.93
国家统计局	2014	994	3.10	4.87	1.57	6.93
巴曙松	2015		4.58~6.94	7.2~10.9	2.32~3.51	10.65~15.49

资料来源：根据《2014 年全国农民工监测调查报告》《2014 年中国统计年鉴》及国家统计局官方网站相关数据计算整理。

四　城乡消费的分布展望

随着我国经济进入新常态，东部沿海省份的吸引力正在下降，其与中西部地区的薪酬差距在逐步缩小，本地就业农民工的比较优势更为凸显，农民工更倾向于寻找离家更近的工作机会。而消费紧随人流，就当下而言，农民工消费更多发生在乡外县内和县外省内。《全国农民工监测调查报告》中的数据显示，近五年来，虽然外出农民工的规模仍然多于本地农民工，但其增速已大幅下降；就未来 20 年而言，本地农民工数量有望超过外出就业农民工，而这在很大程度上决定了农民工消费市场的当地化与农村化。

另外，我们也注意到，新生代农民工已逐渐成为农民工的主体构成部分，该群体有着强烈的融入城市的愿望，而且更易受到同龄城市居民消费的示范影响，他们试图通过外在的消费来实现对自身的身份认同，因而其城市消费的规模日益增长，农村汇款的次数及数量都有所下降。但是，家庭联产承包责任制的实施与土地政策 30 年不动摇等政策为农民工提供了基本的风险保障，而这会对农民工的城乡消费分布产生决定性的影响。农民工进入城市务工之后，由于农村土地承包制的实施为其提供最基本的生存保障，与被排斥于城市社会保障体系之外的境地相比，农民工的未来生活预期无疑会更倾向于农村地区。

本次调研数据显示，2013 年有 75.2% 的受访农民工表示其在农村拥有土地，对于土地的处理，大部分农民工主要是以承包他人或自己打理为主，但也有13.9%的农民工将土地撂荒。此外，有61.9%的农民工每年的返乡次数在1~2次，也有29.7%的农民工在3次以上，值得注意的是，在2013年，有4.6%的农民工并未返乡。这说明，除了春节外，大部分农民工每年仍然有1~2次的返乡机会，与农村家乡保持着密切联系，而这肯定会对其农村消费有显著影响。

最后，农民工消费的城乡分布也可以通过其在城市购房的意愿得以展示。在收入水平增加的情况下，当农民工拥有购房能力之后，有46%的人表示愿意在城市购买商品房，同时有32%的表示中立，反对在城市购买住房的比例也达到22%，见图6.2。对于多数农民工而言，虽然他们向往城市生活，渴望融入城市，但受困于当前一系列的制度约束，政府缺乏短期解决多数农民工市民化问题的能力，所以多数农民工未来的生活预期不会发生太大改变，长期形成的"进城挣钱，回乡消费"的消费模式并不能得到根本性改观，未来消费的空间市场主体依然侧重于农村地区。

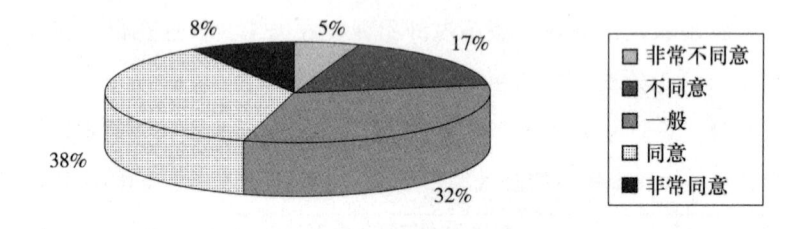

图6.2　2013年农民工城市购房意愿

第二节　农民工消费二元性的正面效应

农民工整体上虽然边际消费倾向较低，消费层次不高，消费结构有待进一步提升，并且城乡二元消费特征显著，但由于其庞大规模和收入水平的快速增长，农民工消费的总规模对于城市低端消费和经济

第六章 消费二元性的趋势预判及社会效应

增长依然具有不可磨灭的贡献，具体正面效应分析如下。

一　扩大城市低端消费并推动经济增长

受制于较低的收入水平以及不稳定的生活预期，与其庞大消费规模形成鲜明对比的是，农民工人均消费水平整体偏低，其消费产品更倾向于城市低端消费。一般而言，农民工的消费支出项目多以结婚时间为拐点，婚前消费主要集中于餐饮、衣服、鞋帽、通信及培训开支；婚后在居住、家电、子女教育等项目的支出大大增加。新生代农民工的消费意愿相对于传统农民工而言，无论是消费水平还是消费结构都有很大提升。其消费主要集中于服装、方便面、啤酒饮料、手机和电子产品等大众消费品，并且农民工已初步具有品牌意识，比较青睐一些性价比不错的相关品牌，如康师傅方便面、麦当劳快餐、安踏运动鞋、雪花啤酒及千元智能手机等，都成为过去10年农民工消费的最大受益品牌。

以耐用品市场为例，年青一代农民工更加倾向于购买智能手机及电脑等商品，其同龄城市居民的模仿倾向显著，尝试以此融入城市社会。而且由于农民工的闲余时间较少，看电视、玩游戏和网上聊天就成为其主要娱乐方式。据本次调查问卷显示，农民工收入增加后最想购买的商品排序依次为手机、平板电脑、空调和彩电，这也与其娱乐消费的方式比较单一有关。由于当前多数农民工的未来生活预期依然在农村，所以像空调、冰箱、汽车等大件消费耐用品更多是在农村家乡购置。而且由于农民工庞大的人数规模，其有效地促进了城市公共交通、邮电、通信业、旅游及餐饮行业的发展。另外，由于农民工举家外出务工比例的逐年提高，农民工子女进城上学的人数也大幅增长，而这有力地促进了民办教育、培训市场的快速拓展。农民工消费最终促使城市政府的公共支出大幅增加，在一定程度上刺激城市消费市场的繁荣，为当地经济发展做出一定贡献。而且随着农民工未来消费结构向家用设备耐用品和通信设施的进一步升级，有望刺激城市消费再上一个新台阶。尤为重要的是，农民工的这种需求会促进市场的进一步繁荣，为当地城市创造更多的就业机会，推动城市经济的持续增长。

事实上，我国人数达 2.74 亿的农民工已成为中国产业工人的主体，他们早已通过生产推动城镇化的发展进而实现经济增长。相关资料显示，城镇化率每提高 1 个百分点，新增投资需求达 6.6 万亿元，带动消费增加 1012 亿元。而随着农民工收入的快速增加和融入城市进程的加快，农民工又通过消费来实现对中国经济增长的推动。2012 年，我国农民工的消费总额高达 4.2 万亿元，相当于印度尼西亚总消费支出的 1.5 倍，比土耳其的消费规模高出 23%。① 农民工的庞大消费规模已成为刺激内需、提升经济增长方式的重要途径。据国家统计局测算，外出农民工每增长 1 个百分点，就能促使我国居民消费提高 0.21 个百分点，农民工的消费贡献由此可见一斑。

二 农民工汇款有助于提升农村消费水平

根据劳动力流动的新经济学理论（Stark，1985，1991）我们得知，该理论假定发展中国家的农村劳动力市场、资本、风险市场的发育均不完善，而农户的农业生产面临资金流动和风险的双重约束。因此，通过其家庭成员外出务工，农户可以获得汇款流入，以此来推动生产投资，提高生产能力及保障家庭消费。也就是说，农民工外出务工在造成家庭人力资本流失的同时，也通过汇款的流入实现农户资金流动性的提高，改变了其生产决策的约束条件。事实上，农民工进入城市之后，面临着与家人生活消费的区域分隔，他们与农村家庭的经济联系更多是依靠汇款解决。其实，农民工汇款已成为近年来国内学者研究的一大热点问题，早在 2005 年，程恩江就测算该年农民工汇款规模可能达到 2490 亿元，已成为我国欠发达地区农村发展的重要资金来源。[149]

---

① 该数据来自《金融时报》相关统计测算。

另外，由调研问卷数据可知，2013年我国农民工人均汇款为8872.75元，占其收入比例的27.23%。以外出农民工1.68亿的规模测算，我国农民工的农村汇款规模约为1.49万亿元。事实上，如此大规模的资金转移势必会对农村经济发展产生持续影响。部分学者的研究表明，农民工汇款对于缓解农村贫困、增加生产投资和提升农村消费水平等都有积极影响。而且，值得注意的是，农民工的汇款规模与其收入水平同向变动。其汇款有接近一半以上的比例是在春节前发生的，一般多通过银行、邮局或自身携带从城市流向农村地区，而这有力地推动了农村家庭的收入提高和消费增长，使农村消费市场得以进一步开发。因此，农民外出务工，也是在权衡农业经营和城市务工两者收益的基础上做出的理性判断，一般而言，其城市务工收入的水平和稳定性都要强于农业经营，这也为农民工后来的农村汇款提供了可能。

三 充当城乡消费中介并改变传统消费观念

改革开放以来，伴随着农村生活水平和生活质量的日益提高，我国农村居民的不健康甚至畸形消费越来越多，可以概括为"四多三少"。即炫耀性消费、愚昧性消费、人情消费及不健康娱乐消费等消费项目增多，而一些必需的、正常的开支正在逐年减少，包括生产性支出、基础建设支出及文化性消费减少。很多农户以随意挥霍钱财为乐事，摆阔显富，不以节俭为荣，反以朴素为耻。调查结果表明，72%的农村青年结婚要花掉5万元，15%的要花8万元以上，很多农户不惜借债结婚。请客送礼等人情消费已成为农村消费一大时尚，不仅名目繁多，而且数额巨大，诸如婚丧、孩子满月、升学、就业、参军、建房及乔迁等，都得大宴宾客。农村居民出于"面子"考虑，虽然叫苦不迭，却也乐此不疲。因此，即使收入增长较快，农村居民的传统消费观念及消费结构短期难以发生根本性改变，而农民工的出现或有助于传统消费观念的改变。

众所周知，在农民工进城务工之前，中国城乡分割的二元结构非常稳固，农村居民和城市居民彼此隔离，遵循不同的消费模式。农村居民虽然向往城市的生活消费方式，但是两者无论是人际交往还是心理距离都非常遥远，城乡居民生活在截然不同的两种体制当中。而农民工进城务工之后，在经历农民到工人、乡村到城市的转变之后，其生活方式也在跟随生产方式逐步向城市居民靠拢。在城乡往返的过程当中，受城市居民消费影响，农民工的消费行为正从保守转向开放，消费结构正从简单转向复杂。

尤其是新生代农民工的消费行为、消费习惯以及消费模式都与传统农民工有着很大差异，这一群体的消费参考群体已由农村居民转向同龄市民；虽然对于城市居民而言，他们依然是"农村人"，但相对于其原有的农村居民来讲，则属于"城里人"。因此，农民工无形中成为我国城乡联结的纽带，充当了城乡居民消费传递的中介载体，城市消费模式经由农民工逐渐影响到农村，最终才使"市民—农民工—农民"的消费示范效应得以产生，也使城乡联动消费机制的建立成为一种可能。而只有伴随着消费示范效应的产生，城市居民的消费观念、消费习惯以及消费行为才能真正影响到农村居民，城市居民"随用随买"、消费量力而行、重视文化性消费支出等消费特征，无疑会对改变农民工及其家庭成员的传统消费观念，改善消费结构，具有潜移默化的作用。

第三节　农民工消费二元性的负面效应

一　炫耀性与抑制性消费并存影响其人力资本提升

伴随着农民工在城市与乡村之间"候鸟式"的定期流动，其社会地位、个人身份和消费角色均发生较大变化，虽然其在城市处于社会底层，但春节回到农村后，其又将自身定位为农村社会的上层。由于其消费行为具有显著的外显性，因此农民工通过在城乡不同区域采取不同的消费策略，通过其在农村强烈的炫耀性消费行为以补偿自身的城市社会的身份缺失，从而形成一种典型的补偿性消费逻辑。另外，由于新生代农民工已成为外出农民工的主体，随着进城务工时间的积累，他们会逐渐改变过去养成的"攒钱消费"的传统模式，而更加接近于城市居民"随用随买"的消费行为。加之城市较为便利的购物环境、相对完善的购物保障以及铺天盖地的广告宣传，更为重要的是，随着社会地位和消费角色的转换，新生代农民工在职业、收入和教育改变的基础上，其试图通过模仿城市居民的消费习惯以实现消费转型，最终促进身份的认同和社会地位的不断提升。

因此，农民工消费呈现为典型的双重消费策略。一方面，新生代农民工努力在城市消费，以实现身份认同并试图融入城市，尝试通过消费方式转型来实现自我认同，模仿城市居民消费习惯。另一方面，受个人收入水平及未来预期不确定性及城乡二元体制等影响，农民工无法获得新市民身份的认同，从而继续维持其城市"边缘人"的尴尬地位。事实上，新生代农民工更应加大教育性文化消费的比重，通过内隐积累性文化消费的路径提升个人技能，增强自身市民化能力，最终实现自己的身份认同。

二 延缓城镇化进程并降低城镇化质量

2014年，我国外出农民工规模达到1.66亿人，超过城镇人口的1/6和城镇从业人口的1/3，已构成过去20年我国城镇化率提升的主要增量，见图6.3。但是，我们也深知，农民工更多是属于停留在统计数据上的"被城市化"，或仅属于生产意义上的城市化。农民工长期在城市和乡村之间迁徙流动，导致其社会归属感缺失，既不能回到乡村，也不能融入城市，这种两难境地加深了其城乡消费二元性的固化，而消费势必会影响到城镇化的路径及速度。众多学者将农民工誉为我国消费力量的"第三极"，只是看到了农民工庞大的消费潜力，但是就其消费潜力如何被释放，在短期之内依然具有较大的挑战性。

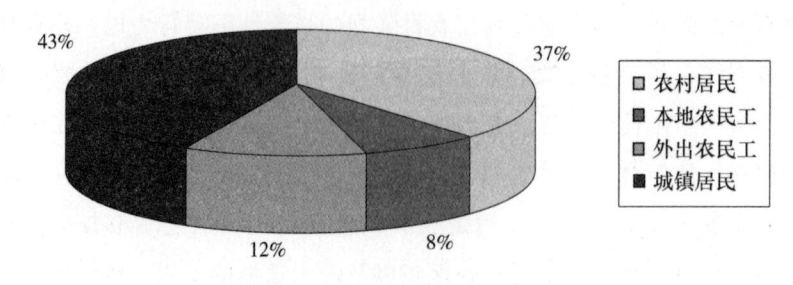

图 6.3　2014 年中国人口构成

资料来源：根据统计局相关数据计算整理。

事实上，农民工的消费能力并不完全由个人在生产中的地位所决定，家庭消费能力取决于家庭挣钱能力、享有政府公共服务的权利和自我供给能力三个因素，特别是政府在满足基本消费需求（如住房、教育、医疗、交通等）上的重要性十分凸显。农民工虽然长期生活在城市，但其并未享受到城市居民的种种福利，相反，由于城市社会保障体制的缺失给其家庭带来很大的生活压力，其本身较低的收入水平还需承担子女教育等公共性支出，最终造成与城镇居民的收入、消费差距拉大，延缓了城镇一体化的发展进程。另外，将农民工纳入到城镇社会保障体系中也是城镇化发展的必然要求，要参加医疗、工伤、养老及失业保险等社保项目，除了政府和企业应该缴纳相应费用外，农民工将一部分收入投入进去，为自己的将来提供保障。但现实状况是，农民工由于工作频繁流动和消费短视，其参与社会保障的欲望较低，在此方面花费较少，因此未来也很难享有城镇居民的相应待遇。总之，如果农民工不能享受到城镇公共产品政策的倾斜，如果还维持其现在往返于城乡的"候鸟"模式，如果仍然采取城乡"两栖"消费政策，他就很难演变为真正的城市居民，从而延缓了我国城镇化的历史进程。

三　引发农村"过疏化"进而阻碍一体化进程

一个社会的进步不仅是某一区域经济总量的提升，还包括整个社会文明的普及。新中国成立后的城乡二元体制，在改革开放初期即20世纪80年代曾经得到一定缓解，但随着90年代政府政策向城市的进一步倾斜，城乡差距快速拉大，城乡二元体制得以固化。近年来，政府意识到这一问题的严重性与紧迫性，逐步采取措施力图修正，提出城乡统筹，走一体化的发展道路。但事实上，自农村剩余劳动力加快流入到城市之后，城乡二元体制非但没有缓解，而且还有固化的趋势。也就是说，出现了城市的过度繁荣和农村的快速衰败，这个背后是城市与乡村人口规模的急剧变化，而这与农民工及家庭成员大规模的城市迁徙有关。[150]

农民工的城乡"候鸟"式迁徙，引发了城市"过密"与农村"过疏"两种现象的并存。大量农民工快速涌入城内，不仅带来其与城市相互不适应，如加剧了就业市场的竞争，挤占了本就稀缺的公共资源，给公共交通、旅游、餐饮及教育行业带来很大压力；而且农民工个人无法单独承担高昂的市民化成本，故不得不由家庭成员共同承担，而这导致农村家庭的预防性储蓄动机大幅上升，极为严重地压缩了农村消费。农民工规模变化情况见图6.4。

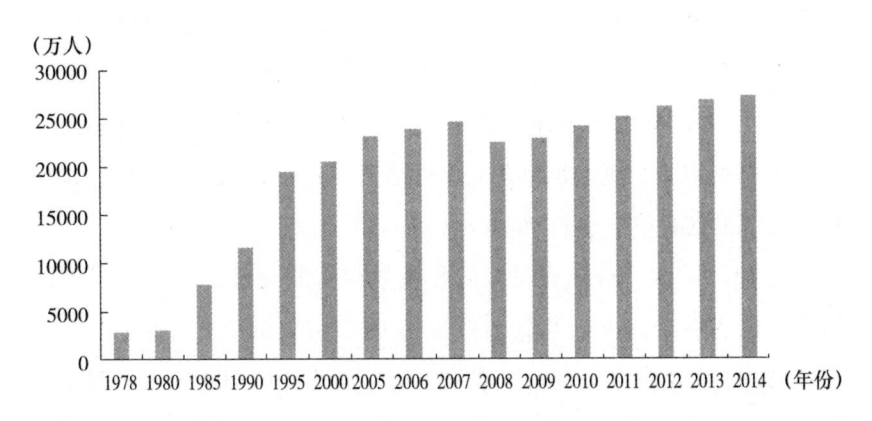

图 6.4　1978—2014 年中国农民工规模变化

资料来源：根据历年《中国统计年鉴》、历次《中国人口普查资料》及国家有关部门发布的相关统计数据和已有研究成果统计整理。

更重要的是，它导致农村社会的运行架构受到严重冲击。年轻劳力的持续外流，导致农村人口的构成主体发生重大变化，老人、小孩和妇女成为农村留守人口的主体。如农村留守老人达4000万，其中，65岁以上农村留守老人高达2000万。[151] 由于人口总量急剧减少和购买力快速下降，导致农村公共品的使用效率低下，降低了政府对其投入热情，因此公共产品的供给严重不足。同时还出现基础建设支出减少、资源闲置、生产停顿和农村衰败等问题，最终使农村丧失自我更新的能力，导致其传统的农村生活无法延续下去。

四 影响消费潜能释放，不利于刺激内需

长期以来，我国政府倾向于以投资和出口推动经济实现增长，而忽视了"三驾马车"中的消费作用。改革开放以来，我国形成了政府主导下的投资驱动经济增长模式，但是这一模式在2007年的次贷危机中遭受重大挑战。事实上，我国政府早在20世纪90年代中后期就提出"刺激内需"的战略转型，但受困于城镇居民消费结构升级缓慢和农村居民收入水平难以提升，依靠消费拉动经济增长的效果始终不是很理想。就未来20年中国的消费人群来看，除了中产阶级之外，农民工群体最具消费潜力，其消费有望为我国经济增长做出更大贡献。① 另外，据国家统计局预测，由于农民工工资增速在过去几年保持在15%以上，远超城乡居民8%的增长速度，而2020年与2030年农民工工资有望增加到9601元和13442元。

到2015年底，外出农民工的收入规模有望突破4万亿元，预计GDP占比达到11.3%，与其消费规模GDP占比的7.2%相比，未来农民工的消费市场潜力巨大，农民工有望成为我国刺激内需和调整经

---

① 美国是典型的依靠消费驱动经济增长国家的代表，在美国的消费人口中，中产阶级占80%，而我国当前中产阶级仅占25%。因此，短期来看，农民工的消费潜力更值得挖掘。

济增长方式的一大着力点。但是，我们应该看到，农民工当前消费的城乡二元分布非常不利于释放其庞大消费潜能。农民工由于市民化能力的匮乏，加之城市社保体制对其的排斥，其融入城市的强烈渴望与现实的极大反差，都将固化其未来农村生活的消费预期，进一步降低其边际消费倾向，最终导致该群体的消费潜力难以释放，长远看对于刺激内需不利。

本章小结

经过本章分析，我们看到，当下政府和城市并不具备推动农民工市民化的能力和手段，而新生代农民工的未来生活预期并非返回农村，因此农民工的城乡二元消费现象短期内难以解决。而农民工在扩大城市低端消费、增加农村收入和提升农村消费结构的同时，其炫耀性与抑制性消费的并行，势必会挤压教育性消费开支，最终削弱其市民化能力，延缓城镇化进程；从长远来看，农民工城乡二元消费也不利于释放其消费潜能，会削弱他们对中国经济增长的贡献率，而且对农村的长远发展极为不利。因此，有必要从宏观、微观两个层面采取一系列措施弥合农民工的城乡二元消费，具体对策在下一章展开分析。

第七章

弥合消费二元性的政策建议

如前文所述，农民工消费的城乡二元分布趋势短期内不可能得到扭转，但我们当然不能对其放任自流。农民工城乡二元消费的解决出路与其最终流向有关。对于农民工而言，未来流向有二：要么融入城市，成为真正的城市居民；要么回到农村老家，成为农村居民。只有农民工身份不陷入到城乡双重"边缘"境地，其才有可能摆脱这种消费困境。因此，本章就弥合城乡二元消费分布提出以下对策。

第一节 切实推进城镇化进程，从根源上弥合城乡二元消费

过去20年，我国城镇率大幅提升，但土地的城镇化远远高于人的城镇化，农民工作为城市常住人口的主要增量，尽管对我国城镇化的贡献较大，但依然被排斥在城市的既有公共服务体系之外。尽管农民工被统计为城市居民，但事实上其并未融入城镇，这种"半城镇化"、"伪城镇化"并未实现农民工消费水平的提升。农民工历经了职业、居住环境变迁之后，其生产方式已逐步现代化，但其消费方式依然落后，呈现出典型的城乡二元特征。因此，未来20年，我国政府应该采取一系列配套措施解决此问题，具体建议如下：

第七章 弥合消费二元性的政策建议

一 实现就地城镇化战略，促使实现永久性迁移

在当前我国一、二线大中城市人口过多，"城市病"已日益凸显之际，未来中国应加快进行新型城镇化的发展步伐，并逐步改变我国城镇化的既有路径，即采取依托于小城镇的"就地城镇化"的发展模式。政府应该致力于改善农民工的居住环境，放开小城市落户限制，满足外出农民工的返乡居住愿望。同时还应加大公共服务投入，引导农民工集中居住，使公共服务逐步由大中城市向小镇（村）扩散，真正实现公共服务的城乡均等化。另外，应借鉴国外成功经验，加速户籍管理改革，消除附加在户口上的城乡居民差异化的福利待遇，逐步剥离依附在户籍上的退休养老、劳动就业、医疗保险及住房补贴等各种权利，加快农民工在城市落户定居的步伐。对于不同规模城市，户籍改革的力度有所区分，即在大城市稳步推进，而在小城市灵活实施。原则上打破区域封闭、城乡分割，实行以固定住所和稳定就业、收入为依据申报城镇户口的政策，逐步实现农民工人口的自愿迁徙，最终使农民工能享有与城镇居民一样的各种福利，消除养老、患病、失业、子女教育等后顾之忧。最后，由于农村土地承包产权30年不变，既有的家庭联产承包制致使农村土地流转非常困难，而农村住房的置换程序也非常复杂，这一切都使土地成为农民工在外务工的基本风险保障，同时也导致农民工很难彻底从农村中解放出来，实现永久迁移。因此，应该探索耕地承包、农村住房及宅基地的合理流转机制，如可通过"农村住房置换城镇住房"等方式，实现农民工的生活空间置换，使其减轻对农村的依赖程度，最终促使农民工在城市由暂时性迁移向永久迁移过渡，从源头上解决城乡二元消费问题。

二 保证城镇稳定就业，建立工资增长机制

农民工进入城市之后，其消费受限的一大原因在于工作的不稳定，频繁更换工作使其收入预期很不稳定，而这势必对其消费产生重

要影响，最终使农民工形成极为保守的消费模式。因此，我们应推进农民工城镇就业的稳定性，首先应将农民工纳入到城市公共就业服务体系之内，主要为农民工就业提供就业信息、职业介绍、职业指导及就业援助等服务。[152]重点建设单位和农民工对接的信息共享劳务平台，完善农民工就业信息动态监测、发布制度，加强其就业、失业登记和管理工作。更重要的是，我们应该建立包括农民工在内的公平、统一的劳动力市场。应尽快形成农民工平等就业与自主择业结合的制度氛围，充分保证农民工就业机会的平等性；逐步打破城乡地区分割，力争建立农民工与城市居民"同工同酬"的市场体系。

另外，仅仅实现农民工的工作稳定仍然不够，要想从根本上提升农民工消费预期，解决城乡消费二元问题，必须尽快形成农民工收入增长的长效机制。事实上，过去20年，农民工已经成为我国产业工人的重要部分，他们对中国的经济增长和城市的高速发展贡献巨大，但是农民工并未享有产业工人的工资待遇，较低的工资收入水平极大地限制了农民工的消费能力。因此，必须参考全行业的工资标准，统筹制定农民工工资标准动态调整机制，使农民工的工资增幅保持与产业工人持平，能够接近所在地区的平均工资水平；同时建立完善农民工工资支付保障制度、工资支付监控制度、工资保证金制度，严格规范企业工资支付行为；重点保障农民工取得劳动报酬、确保劳动安全及休息休假和提请劳动争议处理等权利。最后，还需进一步完善劳资集体协商，通过集体谈判等形式来确定农民工的工资增幅，逐步建立农民工收入的正常增长与权益保障机制，使其工资能体现自身的劳动报酬权益，最终为其消费能力的提升奠定良好基础。

三 完善农民工培训体系，提升人力资本水平

农民工要想提升就业质量，实现收入的稳定增长，除了政府、企业提供的外在就业环境和机会外，更应该尽可能地参加相应职业培训，以提升其人力资本，最终促使消费能力的稳步提高。而

第七章 弥合消费二元性的政策建议

当前的农民工培训存在一些问题,诸如农民工的培训参与意愿较低,培训时间、地点不够灵活,培训管理混乱,培训内容涉及面较窄,多局限于理发、烹饪、电脑等热门行业。[153] 各级政府要将农民工职业技能培训纳入财政支持范围之内,强化职业教育在整个教育体系中的作用。使农村职业学校成为农民工技能培训主阵地的同时,城市职业学校要调整办学方向,鼓励其培训体系向农民工开放,积极开展农民工的在岗和转岗培训。以农民工需求为培训导向,注重培训内容、计划的互动性,引导农民工接受再教育。此外,企业作为农民工培训的直接受益者,理应承担培训责任。企业应尽力提高培训的实效性,努力做到"因人施教",即根据农民工的年龄、技术水平、求职意向等设计不同内容的培训套餐,最终提高农民工培训的针对性与合理性。最后,在培训资金的筹集方面,要形成政府主导、多方筹集的投入机制,通过政府主导、企业参与、全民动员的渠道,为农民工培训筹集充足资金;并且通过激励调动企业参与,使其形成乐于培训员工的企业文化,最终形成良性循环。总之,本着提高农民工培训效率的宗旨,努力形成政府"买单"、培训机构自由竞争、农民工自主选择的培训机制。

四 实施财税体制改革,形成城镇化成本的分摊机制

当前我国农民工市民化进城缓慢的根本原因在于中央与地方政府在权责分配上不够清晰。部分学者认为,如果实施户籍政策改革,将有效推进农民工融入城市,成为城市居民,进而减少城乡二元消费。[154] 事实上,这种说法是片面的,农民工要想消除城乡二元消费,就必须推进市民化进程,但是农民工市民化的成本仅由打工城市承担显然是不公平的,也是不可持续的。因此,当务之急,我们应以外出农民工人数为基础,建立财权与事权相匹配的财税体制。具体包括,明晰城镇化进程中各级政府的财政支出任务,强化地方政府在公共服

务中的责任，中央政府可以专项补贴支持基层政府，中央和省市政府在农民工的教育、卫生和医疗服务中按比例分担支出。同时，还需根据不同省市的经济水平核定标准化收支，使中央转移支付的方向更为合理，使流入城市的财力得到保障。最后，尝试建立由中央、地方政府及市场三方共同承担市民化成本的分摊机制。完善转移支付以使地方政府的权力与财力相匹配，中央政府主要承担农民工教育、社保支出，而地方政府则主要承担农民工的廉租房支出，剩余资金缺口可通过发行债券等市场融资方式来解决。

第二节　完善农民工城镇社保体系，拓展消费风险分散路径

一　以农民工为突破口，打破社会保险的二元体系

社会保险制度为丧失劳动能力、暂时失去劳动岗位的居民提供收入或补偿，它属于居民面临各种风险时的第一道防线。但当前我国的社会养老保险主要存在两种体制，即城镇居民养老保险与新型农村养老保险。在现有的户籍制度下，鉴于其特殊身份，农民工事实上被排斥于城镇社保体系之外。我国人社部统计数据显示，2013年底农民工参加基本养老、医疗、失业、工伤保险人数分别为4895万、5018万、3740万、7263万，分别占农民工总量的18.2%、18.7%、14.0%、27.0%。从表7.1中不难发现，我国农民工参加社会保险的人数少、参保率低。[155]因此，应逐步构建包括城镇居民、农村居民以及农民工三大主体在内的社保体制，逐步从"二元"体系向"三元"体系过渡。基于农民工的工作流动和收入特征，其社会保险体系的构建需要注意以下问题：

表7.1　　　　2014年农民工参加"五险一金"的比例　　　　单位:%

	工伤保险	医疗保险	养老保险	失业保险	生育保险	住房公积金
合计	26.2	17.6	16.7	10.5	7.8	5.5
其中:外出农民工	29.7	18.2	16.4	9.8	7.1	5.6
本地农民工	21.1	16.8	17.2	11.5	8.7	5.3
比上年增加	1.2	0.5	0.5	0.7	0.6	0.5
其中:外出农民工	1.2	0.6	0.7	0.7	0.5	0.6
本地农民工	1.0	0.4	0.3	0.9	0.8	0.4

资料来源:国家统计局《2014年全国农民工监测调查报告》。

首先,应以农民工在城镇居住时间为标准进行细分。对于满足市民化条件的农民工,应将其纳入到城镇职工养老保险范围之内;对季节性进城务工的农民工,则引导其参加新型农村社会养老保险制度。其次,缴纳方式要灵活适当。以农民工的实际收入时间为准,可按月或季度进行收费,对于特殊情况下的农民工,经社会保障主管部门允许,可以缓交部分费用。再次,社会保险的层次应多元化。农民工社保层次随区域、行业变化会有所差异,在城乡之间,不同城市、地区企业之间,都会存在保险额度、保险内容及保险比例等差异,政府应规范保险行为,有针对性地提高农民工的保险层次。在这方面,辽宁省沈阳市首次将农民工纳入失业保险范畴,其做法值得借鉴。[①] 最后,对于农民工普遍关注的工伤保险制度,应该进一步完善。比如:工伤保险的费用可由企业全部缴纳,不需农民工本人承担;工伤保险缴纳费率也应与行业的风险高低相关,这样有助于用工单位提高安全

---

① 2008年8月18日,沈阳市劳动和社会保障局下发《关于农民合同制工人参加失业保险等有关问题的通知》,首次将农民工纳入失业保险参保范围,要求如果农民工在单位工作满一年,用人单位需按照农民工上月工资额的2%缴纳失业保险,农民工本人不需承担任何费用,如提前解除劳动合同的农民工可向失业保险机构申请生活补助。2014年,辽宁省宣布年内将60%参加工伤保险的农民工纳入失业保险范围;同年该省已实现失业保险"并轨",农民工可按城镇职工标准参加失业保险,目前并轨的省份仅有辽宁和广东两省。

生产意识，在促进安全生产的同时可化解农民工的工作风险。

二 分层设计医保方案，加大政策的覆盖力度

农民工的医疗保险，既要考虑今后留城人员与城镇医疗保险的接轨，又要考虑返回农村务农人员与农村合作医疗制度衔接，还要考虑流动到其他城镇的人员医疗保险基金的转移。因此，可考虑实行分类分层设计相应的医疗保险方案。具体包括：一是对于城市稳定就业且具有相对固定劳动关系的农民工，可将其直接纳入城镇职工基本医疗保险体系；二是流动频繁、收入水平较低的农民工，可按照"低费率、保当期、保大病、不建个人账户"原则，将其纳入城镇大病统筹医疗保险，重点保当期住院医疗；三是对回乡务农的农民工，应参加原籍农村新型合作医疗，而对于个体经营等灵活就业农民工，则可按照目前灵活就业人员医疗保险办法，以个人名义参加统筹地区基本医疗保险。同时，让农民工子女随同父母参加当地的社会医疗保险。

此外，还应针对农民工特点，逐步完善其医疗保障服务体系。一是降低医保起付标准，各地根据农民工的收入水平和实际情况，合理确定医保起付标准，不同级别的医疗机构可适用不同的起付标准。二是建立农民工的大病保险机制。农民工一般多处壮年，身体相对比较健康，有能力抵御日常的生活疾病。但是面对大病时，较低的收入水平使其无力承担风险，因此建立大病保险机制显得十分重要。三是增加农民工的门诊报销比例。现行医疗保险多以解决住院医疗保障而非门诊费用，考虑到农民工的门诊医疗需求，政府需要加大资金投入，设立以门诊费用为主的医疗保险模式，并以此为基础建立大病医疗保险制度，以提高农民工门诊费用的报销比例。

三 优化社保运行环境，解决社保转移接续问题

面对农民工社会保障这一复杂的系统问题，有必要从国家战略的

第七章 弥合消费二元性的政策建议

高度建立一套符合我国国情的社会保障管理模式,以满足管理纷繁复杂的社会保障体系的需要。农民工社会保障的网络化、信息化是优化社会保障制度运行环境的重要体现,有利于整个农民工社会保障体系的高效准确运行,切实保证农民工群体的核心利益。实现农民工社会保障信息化管理需要从以下几方面着手努力:一是采集农民工相关数据信息。基础数据采集是社会保障信息系统的基础,对于农民工问题数据采集具有其特殊性,需要发动用工企业及各级公安机关采集农民工群体的收入、年龄、教育等社会经济特征及其流动状况,以便各级政府及时了解农民工的现实状况,为科学决策打下良好的基础。二是建立农民工数据库。建立农民工数据库,从单纯的数据库逐步过渡到网络信息交流平台。一方面,通过对数据分析和加工为宏观决策提供必要支持;另一方面,信息交流平台的建立有利于发挥政府行政部门社会保障信息数据的交互作用。最终建立为农民工提供持续服务的网络体系,实现农民工社保信息库在城乡、地区之间的信息共享,加强社会保险机构之间、参保人员信息管理上的协调,较好地解决农民工所关心的养老、医疗等险种的转移接续问题。我国各地农民工住房保障政策实施情况见表7.2。

表7.2 我国各地农民工住房保障政策实施一览表

	保障模式	住房具体形式	特点	试行城市
1	专供模式	农民工公寓	政府主导、市场运作、价格优惠、统一管理	杭州;重庆
2	并轨与规范保障	廉租房;公租房;经济适用房	与市民住房保障均等化	广州
3	临时供给	建筑工棚;工地宿舍	适用建筑行业就业工人	合肥
4	间接支持	公积金;住房补贴	以货币化形式将农民工纳入城市保障体系	北京;青岛

资料来源:根据国务院发展研究中心课题组《农民工市民化:制度创新与顶层政策设计》相关数据整理。

另外，调查结果显示，城镇职工医疗保险和新型农村合作医疗，对改善农民工生活状况及消费水平效果较为明显，因此应以医疗保障为突破口，完善社会保障体制，改变未来预期，提升其家庭抗御风险能力；同时，应进一步创新金融服务方式，针对农民工就业流动性强的特点，推动社会养老保险账户的制度创新，提升农民工群体的参保率。最后，必须推动家庭联产承包责任制的土地改革，不削弱农民工对土地保障的依赖程度，其消费二元性就难以得到根除，该群体蕴藏的消费潜力也就很难被激发出来。总之，农民工社会保障是一个复杂问题，需要国家、社会、企业及政府决策部门的共同努力。政府应引导农民工转变观念，要有忧患意识，逐渐增强参保意识；还需利用各种传播媒介为其普及保险知识，排除社保疑虑；同时，针对企业不缴纳保险等违规现象，农民工也要学会通过政策渠道维护其合法权益。对于政府而言，在推进社保资金来源渠道多样化的同时，更应督促企业按期为农民工缴纳保险，相关部门要加大对企业拖欠、漏缴社会保险行为的处罚力度。

第三节 破解身份认同困境，引导农民工走出消费误区

对于当下多数农民工而言，由于其长期远离农村，农业生产经验非常欠缺，不能熟练使用各种农具，对传统农村居民的生活方式和消费观念已不认同；另外，虽然农民工长期工作、生活于城市，但由于其户籍及社会保障的缺失，缺乏稳定的工作和固定的住房，很难被当地的城市居民接受和认可。因此，尽管多数农民工倾向于以城市的眼光审视家乡，但又不得不以"农村人"的身份看待自己，这种身份认同的两难困境使其成为城乡居民之间的"边缘群体"，而消费作为缺乏社会尊重和缓解认同困境的一种补偿方式，最终呈现出炫耀性与压缩性并存的二元特征。如何缓解农民工群体的身份认同困境，本书

第七章 弥合消费二元性的政策建议

提出以下对策：

一 实施积分入户，逐步打破户籍壁垒

长久以来，农民工陷入身份的自我认同危机在于原有的社会人际交往网络的迅速坍塌。[156]农民工进城务工之后，失去了农村固有的以血缘、地缘为纽带的人际关系，在心理层面很难快速地与城市居民建立一种稳定的社会关系支持网络，这其中一个重要原因在于城市户籍及其隐含的一系列福利待遇。事实上，虽然受困于当前城市政府的财力限制，很难迅速解决农民工的城市户籍问题，但实施积分入户，让部分技术型农民工优先入户，不失为一个较好的解决方案。

积分入户在部分城市的实施条件已经比较成熟，一是随着80后、90后新生代农民工规模的快速扩大，这一群体的学习能力较强，能够运用网络等现代媒体追求个人发展空间，也有维护群体公共权益的诉求；二是多数农民工虽然消费方式的转型比较滞后，但其生产方式的现代性已非常显著，个体身份的工人属性也越发突出，而生产方式对消费方式的影响也在潜移默化中进行，观念的转变、技术的积累以及眼界的开阔都是其转变为城市居民的人力资本，部分技术型农民工已经得到城市居民的认同与尊重，这就使积分入户的实施具备了可行性。

事实上，积分入户制的实施，真正使部分农民工脱离尴尬的身份标签，改变了其在城市缺乏归宿感、安全感的境地，这一群体开始真正享受到与城市居民相同的公共服务，其与城市居民的心理隔绝被打破，社会距离得以接近。更为重要的是，积分入户修正了农民工群体的身份认知逻辑，"我是城里人"的认知大大加强，身份认同的两难境地得以消除，最终有效地缓解了自我身份的认同危机。因此，积分入户制的实施，有利于农民工市民化进程的推进，有利于打破传统二元社会的不公，也是我国提升城镇化质量的必然要求，最终从根本上解决了农民工二元消费的认知问题。

二 借助现代媒介工具，倡导教育性文化消费

在各种现代传媒日益发达的今天，农民工对自身的身份认同也深受其影响。媒体作为信息的传播者，也是人文精神的重要载体，而农民工的受尊重程度，在一定程度上是判定城市文明的重要指标。当前城市媒体对农民工的话语描述更多的是追求一种新闻效应，缺乏媒体应有的客观视角，忽视其本应承担的社会责任，对农民工为城市做出的重要贡献视而不见，而这种媒体导向不仅对城市居民造成错误引导，更重要的是给农民工的自身身份认同带来很多困惑，反而增加了农民工与城市居民的社会隔绝。事实上，人的幸福指数并不取决于消费的多少，而更多地取决于生活信念以及生活方式的对比感受。因此，媒体应充分利用电视、广播、报纸、杂志、互联网络及手机等工具，多渠道全方位地肯定农民工的贡献，尊重其劳动创造，发扬其艰苦朴素的精神，充分挖掘农民工群体的潜在精神力量，让农民工群体为自己骄傲，在充分尊重农民工个体差异的基础上，重建农民工的精神家园，为其提升身份认同营造较好的氛围。具体包括：政府在城乡接合部与产业园区创建农民工文化活动中心；针对农民工流动性较强这一显著特征，采取流动讲座与流动图书借阅等形式输出"流动文化"；城市图书馆等文化设施可逐步向农民工开放，举办农民工喜闻乐见的各类文化活动。最终，改变农民工生活封闭、匮乏的现状，破解其身份认同的两难处境。

另外，对于多数新生代农民工而言，往往选择炫耀性消费的方式来建构城市社会认同，但事实上并不成功，而经由教育性的文化消费，通过实现文化资本的积累，实现对知识资源的拥有和内化，却可以为新生代农民工提供稳固的成员身份象征。具体而言，新生代农民工应该适当地购买书籍报刊，增加文化知识的积

累;加大在技能提升上的支出,加强对专业技术的学习和训练,认识到技能对于个体发展的价值;参加各类讲座培训,在基础教育之外,开阔视野,吸收知识,打开受限的思维,尽可能地发挥潜能,从而实现自我,建构社会认同。总之,教育性文化消费可以为新生代农民工提供自我发展、提升内在价值的机会和可能,这一路径有助于新生代农民工建构起稳固的社会认同,真正地融入到城市社会,摆脱城市边缘人群的游离状态,从而真正地成为城市社会的一员。最终倡导理性、绿色消费,实现农民工由炫耀性消费向教育性消费的顺利转型。

三 发挥社区引导功能,消除对农民工的认知偏见

由于农民工大多以租房为主,他们中许多人与城市居民共同居住在社区,然而二者之间的沟通交流甚少,因此要消除城市居民对新生代农民工的偏见与歧视,加强他们之间的沟通与交流,应该以社区为衔接点,发挥社区的引导功能。首先,城市社区可以邀请一些新生代农民工为社区管理和服务出谋划策,一方面加强了新生代农民工和城市居民的交流互动,减少城市居民对他们的偏见,可以让新生代农民工在参与中形成社区归属感;同时也能够增强新生代农民工的主人翁意识,让他们共同承担社区发展的责任,当他们在城市中遇到困难时,能够借助社区的力量解决一些基本问题。其次,社区居委会可以为新生代农民工提供相关的就业服务信息,让他们在社区中可以享受到实实在在的服务。最后,社区可以建立活动中心,提供相应的场地和条件,如健身器材、报纸杂志等,组织新生代农民工参加一些文娱体育方面的比赛,这些原有的社区居民活动,如果也将新生代农民工包含进来,一方面会为他们休闲娱乐提供好的去处,有益于他们身心健康发展,同时也加强了新生代农民工与城市居民的互动,让他们在互动中相互认识,相互弥补,从而消除城市居民对他们的偏见与歧视,更可加强新生代农民工对城市居民身份的认同。

第四节 促进农民工城市融入，提升其留城意愿

随着我国城镇化进程的加快推进，以农民工为主要人口增量的常住人口城镇化率大幅提升，但也带来诸多问题，在诸如就业、教育、医疗等问题上，农民工很难享有公平的权利。而且，如何化解城乡居民两种截然不同的价值观显得尤为突出，这就给农民工的城市融入带来一系列难题。其实，早在2006年，国务院出台的《关于解决农民工问题的若干意见》中就明确指出："要构建以社区为依托的农民工服务和管理平台。鼓励农民工参与社区自治，增强作为社区成员的意识，提高自我管理、自我教育和自我服务能力。发挥社区的社会融合功能，促进农民工融入城市生活，与城市居民和谐相处。"如前文所述，农民工的城市融入有助于改变其消费行为，提升消费水平，改善消费结构，释放其消费潜力，最终有助于化解农民工的城乡二元消费。就如何提升农民工的城市融入水平，本书提出以下对策：

一 适度调整发展路径，消除城乡制度隔离

在我国工业化和城市化的历史进程中，政府要将农民工作为统筹城乡发展的关键因素，通过提供完善的公共产品，使农民工成为经济发展的重要力量，进而带动农村消费的增长。改革开放后，我国依赖低成本工业化与高成本城镇化并行的发展模式迅速扩大了经济规模，将本该由城市和企业承担的社会成本转嫁给农民工群体。随着经济实力的日益增强，今后我国则应侧重于从效率到公平的转换。城乡消费二元性的实质在于城市政府公共产品提供能力的低下，即政府很难做到公共服务均等化，使农民工难以享受到城镇居民的相应福利，这也是农民工难以融入城市困境的真实写照。其表面原因是地方政府财力不足以提供公共产品，深层原因则在于当前城市政府财权与公共服务

事权的不对称，缺乏可持续增长的财政增收渠道，这与我国现有的土地制度、财税体制及城市管理体制有很大关系。当前，政府应以农民工融入城市公共服务体系为核心，以县级城市为突破口推进户籍制度改革，增加公共支出以降低农民工迁移成本，最终消除城乡制度隔离。

二 加大技术培训力度，提升城市融入能力

自改革开放以来，伴随着中国的持续高速增长，我国产业结构经历了劳动密集型、资本密集型向技术密集型的升级，而这引发了劳动力需求结构的改变，对技术工人的需求量越发旺盛。从欧美国家经验来看，高技术工人占产业工人的比例高达35%以上，而我国目前仅占到9.5%的比例，由此可见产业结构升级的技术工供需缺口在逐步拉大。[156] 就农民工个体而言，稳定就业是其融入城市的经济基石，而整体偏低的人力资本对农民工的工资收入、就业稳定及择业能力有着显著影响。更重要的是，人力资本在农民工对城市文化、生活方式及价值观的接受方面有着根本性影响，从而最终对农民工融入城市构成较大制约，因此政府有必要采取措施提升农民工的城市融入能力。而且，从短期来看，技能对农民工城市融入的促进作用远高于教育，技术培训作为提高农民工技能的主要手段之一，就有必要成为提升农民工城市融入能力的核心环节。

首先，政府应设立专项基金，用于农民工技能水平的整体提升。在加大农民工职业教育资助力度的同时，联合企业一起开展农民工技术培训计划，努力培养农民工技工的后备力量。其次，应切实践行城乡教育资源均等化的教育理念，加大对农村教育的经费投入，整合农村教育结构，尤其注意提高农民工子女的教育水平，增加其接受高等教育的机会。再次，要关注培训对象的代际差异，对于传统农民工，应侧重于开展各种职业技术培训，通过职业培训及成人教育等方式进一步提升其城市融入度；而对于新生代农民工而言，则应聚焦于这一

群体在城市社会资本的重建，提高其组织化程度，加强与当地城市居民的社会交往，为其融入城市提供更多的可能性。最后，在培训内容上，要根据不同区域、行业、岗位需求特征，力争实现精细化的培训理念以提升培训效率；同时培训成本、培训费用的分担，以政府和企业为主，避免增加农民工的开支负担。

三 解决住房难题，推进城市融入进程

自20世纪90年代初期我国开始推行商品房改革以来，与城镇化进程同步的就是商品房房价的步步增高。[157]时至今日，我国很多大中城市的房价水平已远远超出农民工的心理承受范围，别说买房，就是租房都对其造成很大的生活压力，这是农民工产生返乡预期进而城乡二元消费的一大原因。因而，农民工住房是其弥合分割、促进城市融入的核心环节，在一定程度上，农民工的城市居住问题不能得到合理解决的话，其城市融入的历史进程会大大延长。因此，各地政府应当立足于本地实际，以农民工居住倾向及支付能力为依托，多层次、多渠道地统筹解决这一问题。

首先，考虑到农民工收入水平整体偏低的现状，应以廉租房和公租房为突破口，加大政府的投入力度，将部分农民工纳入城镇住房保障的政策体系当中。同时对于具有一定经济实力的农民工，可为其配套一定比例的经济适用房，真正使农民工享有与市民均等的公共服务。其次，在农民工住房的选址上，尽量靠近需求量较大的厂区附近，并配套小学、医院及公园等周边设施；而且这一类的廉租房应以小户型为主，尽量不超出农民工的经济水平。最后，考虑到部分城市的用地、资金紧张等困难，当地政府可以综合运用财政、金融、土地等工具，吸引社会及企业力量参与进来，最终构建一个农民工"经济租用房、廉租房、经济适用房、限价商品房"四位一体的住房保障体系。

四 创新城市制度建设，形成公共服务配套机制

社会学者纽顿（2010）指出，社会资本的产生，与民间志愿性组织的行为紧密相关。民间志愿组织可以帮助人们从家庭里走出并融入社会。因此，政府应鼓励志愿性中间组织、民间机构、志愿者深入到农民工居住地，帮助其融入城市社会。同时，可帮助其建立农民工工会，促使农民工摆脱原始的血缘（地缘）组织，如"老乡会"等，转而运用正式的社会组织维护其权益。另外，政府还可加强社区服务体系建设，鼓励农民工更多地参与社区管理。对于新生代农民工而言，更应增加与市民的交流以提升其身份的归属感。

另外，如想农民工真正融入城市，就必须创新现有农民工城市制度安排，在制度建设和政策倾斜方面政府必须形成一套行之有效的公共服务配套体系。必须进一步深化城乡二元制度改革，逐步消除农民工融入城市的制度障碍。比如，长期不能与家人团聚是农民工未能融入城市的一大原因，如果想增加农民工举家外迁进城务工的比例，城市医疗卫生服务、子女教育及社会保障都需要做出配套性支撑。

因此，政府在积极推进户籍改革的同时，应下大力气解决农民工子女的入学问题。更重要的是，应该从改革农村土地制度入手，完善农村土地产权流转、征用及宅基地流转制度，最终提高农民工的土地退出赔偿能力。最后，政府还应提前评估未来市民及城市容量，在硬件基础环境短期难以改变的情况下，应着重从软环境入手加以改善。比如，南京以人为本建设"新市民"精神家园，真正使部分农民工开始融入城市。[①]

[①] 南京市政府将社保卡、交通卡和银行卡三卡合一，给农民工发放"市民卡"，使城市的公共服务由户籍人口、常住人口向暂住人口逐步延伸，使公共服务均等化的要求落到实处。该"市民卡"还具备零门槛参加社会保险、防止工资拖欠以及电子支付资金、理财、优惠乘坐公交、地铁、逛公园等功能。详参 http://cache.baiducontent.com。

第五节　修正供给的市民偏好，
　　　　培育农民工消费热点

农民工的消费决策除了受其收入及稳定性影响之外，也与微观消费环境、政府政策、企业战略及个体差异紧密相关，外部环境包括宏观经济环境、微观消费环境以及企业影响环境等，一般都会对农民工的消费行为产生较大影响。众所周知，自改革开放以来，中国城乡经济发展极为不平衡，城乡差距快速拉大，导致绝大多数企业生产产品仅仅以城市居民为单一导向，忽视了农村居民及农民工群体的消费需求。事实上，产品供给的农民工歧视包括公共产品和私人产品两个层次。无论是在城市还是农村，政府在公共产品供给及消费市场的开发方面都处于严重缺位状态。

一　细分农民工市场，培育开发消费热点

通过本书前期研究我们发现，有相当比例的农民工处于持币待购的状态，而这与市场上真正契合农民工消费需求特征的商品非常稀缺有关。因此，企业首先得识别并培育农民工这一细分市场，将其与农村市场和城镇市场区分开来。而不能像过去一样，仅仅将城市中滞销、过时甚至劣质的商品给予农民工，具体应结合农民工来自农村但生活在城市、追求时尚但收入有限、向往城市居民的消费意识等消费特点，同时把握这一群体的消费心理特点，研究其产品偏好、购买渠道以及决策过程，最终得以开发农民工的消费潜力。其次，农民工受到城镇居民消费示范效应的影响，以及出于模仿城市生活方式的心理，他们希望消费名牌产品以减少城市居民的歧视，但考虑到农民工较低的收入水平，企业应以二、三线品牌为中心，理性客观地介绍产品优势，重视口碑传播，有针对性地设计品牌策略，而不仅仅停留在价格战的层面。

此外，考虑到新生代农民工规模的日益扩大，这一年轻群体的从众消费倾向比较显著，企业应该考虑到该群体的追星需求，努力找到能影响该群体的明星代言人，以农民工所接受的各种传播方式进行广告宣传，充分利用广告的传播效应，最终可以降低此类市场的开拓难度，将新生代农民工的消费潜力得以释放。最后，考虑到农民工一般工作繁忙，没有太多时间逛街游玩，因此企业必须注重营销渠道的本地化建设。有必要在农民工聚居较多的地方设置专卖店以及便利店；同时应充分利用互联网发展和手机的普及，对于网上购物给予足够重视，在农民工教育培训、美容健身以及职业辅导方面提供更加多元化的服务，最终得以不断培育、开发农民工的消费热点。

二 提供均等化的公共服务，引导理性适度消费

首先，政府应以农民工聚居地为中心，加大资金投入，完善水、电、交通等基础设施，推动市场渠道的金融网点、电信网点及邮政网点建设，为农民工消费提供最基本的配套设施。同时，政府相关部门还应加大对农民工消费市场的监管力度，对假冒伪劣商品予以严惩；普及消费者保护的法律常识，向农民工宣传基本消费知识，维护其合法权利。

其次，政府应完善消费信贷政策，使农民工可以享受到消费信贷的诸多便利。自20世纪90年代后期以来，以买房买车为代表的消费信贷开展得如火如荼，但其使用主体仅局限于城镇居民，广大的农村居民和农民工由于收入的不稳定被排斥在消费信贷体系之外。因此，政府应围绕农民工扩大消费信贷服务、创新信贷产品、减少贷款程序以及建立消费信贷宣传的长效机制，通过理财消费讲座引导农民工以生命周期为尺度进行跨期消费。

最后，针对当前农民工普遍存在的炫耀性消费与压缩性消费并存的现状，政府应加强消费教育，引导合理消费。具体包括：通过免费开设消费教育课程、举办理财知识讲座等形式，使农民工树立理性消

费等理念；同时，广播、电视及手机网络等大众媒体应以社会主流消费文化为传播内容，通过舆论监督对农民工不健康的消费行为进行适当干预，最终引导农民工形成敢于消费、适度消费及理性消费的消费行为逻辑。

三 改善农村创业环境，引导回流资金合理配置

根据农民工的留城倾向，其日后最终会分化为两大群体，即留城群体和返乡群体。

对留城群体而言，会尝试通过消费融入城市生活，获得城市居民认同，其融入城市会经历三个阶段：物质生存适应、社会生活方式适应及城市文化的心理认同。[157]而对于返乡农民工群体，当地政府应该提升农村公共基础设施与商业环境建设，为农民工提供较好的创业环境；在农民工汇款的用途方面，要进一步提升金融服务水平，为汇款投向农业生产领域提供良好条件，引导回流资金合理配置。另外，政府还需要在农村创造出更多的非农就业机会，加大对留守人员的技能培训，扩大兼业化经营；同时还需尽快在政策上做出一定倾斜，吸引青年农民工回乡务工，为其提供系列培训，努力将其培育成新一代农民，防止农业生产后继无人。

总之，农民工目前的消费困境无助于其转化为城市居民，也不能真正提升我国的城市化水平，延缓了城镇化的历史进程，长远上也不利于缩小城乡居民的收入及消费差距。从短期来看，由于新生代农民工具有较强的通过消费融入城市的倾向，他们会扩大在城市的消费比重，减少对农村家庭汇款，最终使农民工的消费支出更倾向于城市。但是，如果城市户籍和医疗、养老等保障政策的改革不到位，农民工的这种城乡二元消费模式很难改变。

第八章

研究总结与展望

第一节 研究结论

本书基于"理论溯源—现状描述—问题产生—机理分析—社会效应—政策选择"的基本思路,在对当前我国农民工消费二元性的研究文献进行梳理之后,就农民工二元消费现状、形成机理、发展趋势及社会效应展开系统分析,并以此为基础提出对应的政策建议。具体研究结论如下:

一 市民化进程滞后是二元消费的历史背景

形成于我国城镇化加快发展的历史背景,源于市民化与城镇化进程的不匹配,即市民化进程远远落后于城镇化速度,而这也造成城镇化内涵的大幅缩水,国内学者有"伪城镇化一说"。具体而言,农民工虽然被纳入到城镇人口当中,但事实上其被排斥于以户籍制度为代表的城镇福利体系之外。农民工市民化的进程缓慢导致农民工难以融入到城市当中,而新生代农民工又有着强烈的身份认同意识,因而农民工就陷入到一种"城市进不去,农村不想回"的尴尬境地。这也是我国与西方发达国家农村剩余劳动力转移的一大差别,与西方国家的永久性迁徙不同,我国农民工更多地属于暂时性迁徙,而这种对未来的生活预期就导致农民工最终形成"进城挣钱,回乡消费"的一种消费模式。而这种消费模式在日常生活中就体现为农民工在城乡不同区域的二元消费，即考虑到其个体与家庭成员的消费均衡问题，农民工的收入、消费不得不在城乡地域之间发生分割，而在城乡不同的消费环境下农民工的消费行为、消费结构、消费水平都会有较大差异。

二 农民工消费的城乡二元特征显著

本书从农民工群体总消费特征的分析出发，对农民工与城镇居民、农村居民这三大消费主体展开比较分析，重点从收入城乡分割、消费城乡分布、消费结构城乡差异及城乡"两栖"消费行为等视角对农民工消费二元性展开深入分析。具体分析结果如下：首先，农民工收入更多的是以汇款形式进行其个人与家庭成员的收入分割，2013年我国农民工人均汇款占其个人收入比例的27.23%，而汇款的规模更多地与外出务工人数即是否举家外出务工有很大关系。其次，当前农民工消费的城乡分布更倾向于农村地区，但随着新生代农民工成为务工主体，农村消费的比例在逐步缩减，而城市消费的比重上升趋势显著。此外，农民工进城后，其个人消费相较过去有大幅提升，但是其城市消费行为的暂时性、维持性特征明显，这就决定了农民工城市消费结构与农村老家消费结构有较大差异。最后，农民工城乡"两栖"消费行为普遍。对于传统农民工而言，在城市保持生存性消费的同时，节假日回农村进行"面子"与"人情"等炫耀性消费。

三 二元消费与城市融入及身份认同密切相关

就农民工城乡消费二元性的形成机理而言，本书基于不同性质收入、城市融入程度、身份认同意识、社会保障体系以及消费信贷支持等视角展开实证分析。实证结果表明：（1）工资性收入在家庭收入比例的增长有助于弥合城乡二元消费，而预期收入增长的不确定性与前者的效应相反。（2）城市融入有助于提升农民工城镇消费水平，能从根源上改变其城乡二元消费模式。农民工在城市工作时间越长，更换工作的次数越少，意味着其对城市的适应度在增强，则越有助于提升该群体的城市消费倾向。（3）农民工强烈的身份认同意识导致城镇居民对其消费示范效应明显。（4）当前城镇社会保障制度对农民工消费的促进作用有限。城市社会保障的缺失会使农民工选择暂时性而非永久性迁徙，而这无疑会使其消费的城乡二元性更为持久。（5）消费信贷的制度创新对缓解农民工消费二元性意义重大。从模型回归分析的主要结果来看，消费信贷政策对于农民工城镇消费的支撑体现在各个方面，无论是在工资性收入、预期收入、务工方式、城市融入还是身份认同，其对农民工消费的影响程度都因消费信贷而有所不同。

四 二元消费更倾向于城市但短期难以消除

到2025年，农民工总量有望达到峰值突破3亿人，而农民工流向区域更多地集中于重庆、陕西、河南、湖北及四川等西部省市。农民工的人数规模和未来流向变化势必会对其二元消费造成影响。此外，根据本书测算，2013年我国农民工消费规模高达3.24万亿元，占同期GDP的5.51%和城镇零售消费总额的9.93%。与农民工收入占GDP的11.3%的比例相比，农民工群体无疑还具有相当大的消费潜力。因此，如果能解决农民工当前的二元消费困境，势必会提升该群体对经济增长的贡献率。就二元消费的发展趋势而言，我们可以看到，当下城市并不具备推动农民工市民化的能力和手段，而新生代农民工的未来生活预期并非返回农村，因此农民工的城乡二元消费现象短期难以解决。

五 二元消费的负面效应大于其正面效应

第一，正面效应。农民工即使陷入到消费的困境当中，但考虑到农民工庞大的规模和近年来快速增长的收入水平，其对城镇低端消费的贡献是毋庸置疑的。而且，农民工通过进城务工，增加收入之后通过个人汇款的形式寄回农村，这已经成为我国欠发达地区农村的一项重要收入来源，有效改善了农村家庭的消费水平。而且随着农民工在城市的耳濡目染，他们会将城市居民的消费习惯、消费方式及消费偏好都带回农村地区，使农村居民传统的消费观念和消费结构得以改善。

第二，负面效应。农民工作为我国产业工人的主体，长期以来为我国经济增长和城市繁荣做出了巨大贡献。但是，与农民工做出的贡献相比，农民工在城市处于一种"边缘"地位，其陷入到一种消费的两难困境，我们不能对其加以忽视。农民工长期的城乡往返，居无定所，导致其对未来生活产生消极预期，从而降低消费倾向，形成二元消费。出于城市身份的自我认同和急于融入城市当中，当前农民工的炫耀性与符号性消费盛行，而这势必会挤压其教育性消费开支，最终抑制农民工人力资本提升，使其市民化的能力削弱，最终延缓城镇化的进程。

六　二元消费的消除需要系统性政策支撑

农民工城乡二元消费的解决出路与其最终流向有关，农民工的未来流向要么是融入城市，要么是返回农村老家。只有农民工不陷入到城乡双重"边缘"境地，才有可能摆脱这种消费困境。因此，对于有进城倾向的多数新生代农民工而言，其必须提升自己融入城市的能力，在收入的稳定性、增长性和发展性上要有保障，通过生产创造财富融入城市，而非陷入到炫耀性消费和符号性消费的误区当中。而对于部分传统农民工而言，其更有可能成为"返乡"群体，因此自身农业技能的积累和农村人际关系的拓展都尤为重要。在农民工未来生活的筹划当中，政府扮演了关键角色。因此，政府应切实重视农民工的消费困境，愿意为农民工提供均等化的公共服务，包括一系列消费政策，创造农民工融入城市或返回农村的良好环境，督促企业改变产品生产的市民偏好，培育农民工新的消费热点。

第二节 研究不足及展望

一 研究不足

由于受到研究经费和研究时间限制，加之笔者本人能力所限，本书的研究尚存在一些不足之处，希望能在未来对农民工二元消费的研究中予以深入探索。

（一）调查问卷的样本限制可能导致论证的充分性有所欠缺

由于在农民工消费数据上，国内缺乏像《中国统计年鉴》这样的权威数据，造成当前农民工消费数据的数量匮乏和口径不一，无法以时间序列和面板数据展开实证分析。因此，本书以2013年1070个有效样本的横截面数据为基础，展开对农民工消费二元性形成机理的实证分析。但同样受困于样本数据的有限，无法涉及全国各省市的农民工个体，而且在农民工年龄、行业及岗位等个体特征上，不能做到完全覆盖，所做调研数据多属于静态数据，整体理论分析欠缺动态模型，因而可能会影响论证过程的充分性和有效性。

（二）农民工消费函数的构建仍有较大的完善空间

自凯恩斯创立消费的绝对收入函数之后，以城乡居民为研究对象的消费函数得以快速扩展，理论解释能力大幅增强。但是，农民工这一具中国特色的过渡性群体，西方消费函数研究对象的"二维"主体决定了其有限性，而国内目前也没有一个学者建立所谓的农民工消费函数。本书以绝对收入假说和生命周期假说为主，加入城市融入、身份认同及消费信贷三个变量尝试构建农民工消费函数，但由于前期国内研究基础薄弱，可能导致本书模型构建的适用性不强。

（三）二元消费社会效应的理论支撑薄弱

需建立更为严谨的分析框架，并利用时间序列和面板数据展开实证分析，本书在这一领域仍有很大的研究空间。另外，对于当前农民工消费规模的测算，虽然利用调研数据给出了一定的估算值，但是仅与统计年鉴数据相比较，比较对象的选择以及比较分析的深度都有提升空间。最后，对于建议对策，更多的是从学术理论逻辑角度出发，可能在操作性及可执行性上会有一定欠缺。

二 研究展望

除了以上本研究不足需要进一步完善外，本书的深化研究可从以下几个方向着手展开：

（一）农民工消费函数的构建依然任重道远

如前文所述，在当前国内农民工消费函数这一研究领域，几乎仍是一个理论盲点。因此，本书的后续研究方向在于，充分梳理西方居民的五大消费假说，以我国农民工消费特征为依据，展开对西方消费假说有效性的论证，在确保样本有效和数据完整的基础上，建立和完善基于农民工城乡二元消费特征之上的农民工消费函数。虽然该函数的建立难度很大，但其确属于极具价值的经济学研究课题。

（二）农民工消费二元性的代际差异研究

新生代农民工比重的快速增长短期很难改变，而其与传统农民工在身份定位、城市融入、消费观念等方面存在着显著差异，而这种差异对于两者的城乡二元消费分布有极大影响。因此，后续研究可进一步按年龄细化农民工群体，最终得以增强研究的针对性和应用性。

（三）二元消费社会效应的测评体系研究

农民工的城乡二元消费分布势必会对其个人、家庭，以及农村、城市地区产生影响，在现有的分析当中，更多地仅分析汇款对农业经验、农村家庭生活消费的影响，事实上远远不够。后续研究可从多个角度进一步完善现有分析体系。比如从农民工个体消费与家庭消费的比例入手，重点关注农民工大额消费的承担比例，以此分析其消费区域分割对各自生活带来的影响。

附录 1

调查问卷

尊敬的女士、先生：

您好！很荣幸能邀请您参与我们的研究工作。本问卷只用于我们研究人员的统计分析，您的回答无所谓对错，您只需要根据自己和家庭的实际情况在每个问题所列出的几个答案中选择一个合适的答案打"√"或在"_____"上填写（有特殊要求的除外）。我们对您的回答保密，请您放心填写回答。

衷心感谢您的合作！

"农民工消费问题"课题小组
2014 年 1 月 10 日

问 卷 主 体
A. 基 本 情 况

1. 您的性别？　　　　　□男　　　□女
2. 您是哪年出生的？　　19（_____）年
3. 您的婚姻状况？　　　□未婚　　□已婚　　□离异　　□丧偶
4. 您的文化程度？　　　□小学　　□初中　　□高中（含中专、技校等）　□大专以上
5. 您有几个子女？（____）个，是否上学？□小学　□初中　□高中　□大专以上

6. 您家有几个人在您的打工地？ □您自己　　□夫妻两人　□夫妻带小孩

7. 您户口所在地？（_____）省（_____）市（_____）县（_____）乡

   您打工地所在地？（_____）省（_____）市（_____）县

8. 您目前的工作属于哪一个行业？ □运输业　□建筑业　□商业　□餐饮业　□其他行业

9. 您目前的工作岗位属于哪一种？
   □厂长（经理）　□车间主任（部门经理）　□领班（主管、班长、炉长、队长）　□技术人员　□业务管理人员　□技工、服务员（营业员、保管员）　□辅工（小工、杂工、搬运工）　□其他（请注明）：_____

10. 您外出务工多长时间，是_____年？换过_____次工作？

B. 收入状况

1. 您月工资是：□少于1000元　□1001~1500元　□1501~2000元　□2001~2500元　□2501~3000元　□3001~4000元　□4001~5000元　□5000元以上

2. 截止到目前，您涨过几次工资：□没有　□1次　□2次　□3次以上

3. 您经常有没有加班？如果有，1小时的加班费是多少呢？
   □没有　□1~100元　□101~200元　□201~300元　□300元以上

4. 您多长时间发一次工资？　□1天　□3天　□1周　□2周　□1个月　□3个月　□6个月　□1年

5. 您今年的家庭收入情况：□10000元以内　□10001~15000元　□15001~20000元　□20001~25000元　□25001~30000元　□30001~50000元　□50000元以上

6. 家庭收入来源（%）：打工收入（　）农业收入（　）农村务工收入（　）自营收入（　）

7. 进城务工前，您的家庭年收入约为：

　　□2000～3000元　□3001～5000元　□5001～8000元　□8001～10000元　□10001～15000元　□15001～20000元　□20001～25000元　□25001～30000元　□30000元以上

8. 进城之后，您家庭收入是原来的多少倍？

　　□2倍以下　□2倍　□3倍　□4倍　□5倍　□5倍以上

9. 明年您家的收入会越来越高。

　　□非常不同意　□不同意　□一般　□同意　□非常同意

10. 因为外出打工，您和您的家庭在农村中属于中等及中等偏上收入水平。

　　□非常不同意　□不同意　□一般　□同意　□非常同意

C. 消费状况

1. 您本月消费支出情况：□500元以内　□501～800元　□801～1200元　□1201～1500元　□1501～2000元　□2001～2500元　□2500元以上

2. 您每月的各种消费是多少？

项目	食物	服装	子女教育	房租	交通通信	娱乐	储蓄	个人教育	保险	医疗保健	人情	其他
本月												

3. 如果您的月工资增加100块钱，您将多少用于消费：

　　□0～25元　□26～50元　□51～75元　□76～100元

4. 您目前较为迫切的消费是？

　　□子女教育　□住房　□婚姻　□交际方面　□手机等电器　□其他

5. 下列物品中,您目前在打工地的家有哪几件?
   □电视机 □成套家具 □自行车 □摩托车 □冰箱 □洗衣机
   □热水器 □微波炉 □空调 □电话 □家用电脑 □手机 □汽车
   □音响 □摄像机

6. 下列物品中,您目前在农村老家有哪几件?
   □电视机 □成套家具 □自行车 □摩托车 □冰箱 □洗衣机
   □热水器 □微波炉 □空调 □电话 □电脑
   □手机 □汽车 □音响 □摄像机

7. 您家目前在打工地的住房属于下列哪种情况?
   □单位宿舍 □工地工棚 □与人合租住房 □独立租赁住房
   □自购住房

8. 您现在居住的房间面积有多大?
   □50平方米以下 □50～90平方米 □90～120平方米
   □120～150平方米

9. 您购房或是租房的选址地考虑的条件是?
   □是否有学校 □高档商场 □健身场所 □交通便利
   □能否获得房贷

10. 您在打工地平时主要以哪一种方式上班或工作?
    □步行上班 □骑自行车上班 □坐公交车上班
    □单位车接送 □其他方式

11. 如果您在打工地染上小病,通常会怎么办?
    □忍耐坚持,挺过去 □自己买点药吃 □上医院看病
    □其他方式

12. 假如您不幸染上大病,您会怎么办?
    □尽量坚持,能拖就拖 □上医院看病 □回乡下去养病
    □其他方式

13. 如果您必须看病就医,您选择什么样的医院?
    □公立医院 □民办医院 □私人医院 □单位医务站

□乡村卫生所

14. 您家储蓄的主要目的是什么？（可选两项）

□子女教育　　□防病养老　　□盖（买）房子　　□进行投资

□办喜事　　□其他

15. 您对互联网使用情况？（如果不用，就直接进入第21题）

□几乎不用　　□很少　　□一般　　□经常　　□一直使用

16. 您每周上网的时间？

□7小时以下（每天按1小时计算）　　□7~14小时（每天按2小时计算）　　□21~28小时（每天按3小时计算）　　□28小时以上（每天按4小时计算）

17. 您上网目的？

□网上购物　　□浏览网页　　□玩游戏　　□聊天　　□学习查资料

□看电影

18. 您是否有信用卡？（回答否就直接进入第23题）　　□是

□否

19. 您对信用卡使用频率？

□几乎不　　□很少　　□一般　　□经常　　□一直使用

20. 您有没有贷款？　　□是　　□否

21. 您的贷款用在哪些方面？

□老家的农村生产支出　　□婚嫁　　□上学　　□看病

□其他

22. 您是否有公交卡？（回答否就直接进入第27题）　　□是

□否

23. 您对公交卡使用频率？

□几乎不　　□很少　　□一般　　□经常　　□一直使用

24. 您平时娱乐情况？（最多选三项）

□看电视听广播　　□打牌打麻将　　□逛街游玩　　□喝酒聊天

□学习培训　　□睡觉打发时间　　□看报纸看书　　□上网　　□教育孩

子　□陪伴家人　　□酒吧/KTV　　□健身

25. 您一年外出旅游的次数？

　　□一次没有　　　□一次　　　　□偶尔　　　　□经常

26. 您是否经常外出用餐？

　　□经常　　　□偶尔　　　□一次都没有

27. 您认为制约您休闲娱乐的因素？（可多选）

　　□空闲时间少　□经济因素　□周边缺乏场所　□缺乏兴趣
　　□精力不够　□其他

28. 您子女上学选择的是什么学校？

　　□公办学校　　□民办学校　　□农民工子弟学校　　□放在乡下学校　□其他

29. 您参与了哪几项社会保障？

　　□综合保障　　□城市保障　　□农村养老保障　　□农村合作医疗
　　□商业保障（如人寿保险）　□医疗保险　□只办理失业保险
　　□其他

30. 您对下列说法持何种态度？（请在相应的方格中打"√"）

	非常同意 5	同意 4	中立 3	反对 2	强烈反对 1
A. 吃饭能凑合就凑合，不饿肚子就行					
B. 衣着应讲花色、款式、质量，彰显个性					
C. 不应只讲吃穿，也要适当娱乐和学习					
D. 生活越简朴越好，能省就省，多存少花					
E. 一个人赚钱，不只是为了自己享受，而应为子孙着想					
F. 读书很重要，再苦也要让孩子上学					
G. 花钱进行消费应当与自己身份相当					
H. 常在一起的朋友经济条件都和我差不多					
I. 应该像城市人有高档服装或化妆品					
J. 花钱应该像城里人一样追求生活质量					

D. 消费二元性

1. 您今年给老家的汇款金额是：

   □0 ~ 1000 元　　　□1001 ~ 3000 元　　　□3001 ~ 5000 元

   □5001 ~ 10000 元　□10001 ~ 15000 元　　□15001 ~ 20000 元

   □20001 ~ 30000 元　□30001 ~ 40000 元　　□40000 元以上

2. 您给老家汇款占您打工收入的比例是：

   □10% 以下　　□10% ~ 30%　　□31% ~ 50%　　□51% ~ 70%

   □71% ~ 90%　　□90% 以上

3. 您给老家汇款的钱主要用于：

   □子女教育　　□父母赡养　　□偿还债务　　□住房问题

4. 进城之后，您的消费比原来提高了多少倍？

   □2 倍以下　　□2 ~ 3 倍　　□4 ~ 5 倍

   □5 ~ 8 倍　　□8 倍以上

5. 您在农村是否拥有土地？　　□是　　□否

6. 如果有土地，您外出打工时如何处理？

   □农忙自理　　□承包他人　　□撂荒

7. 您平均每年的返乡次数为几次？

   □0 次　　□1 次　　□2 次　　□3 次及以上

8. 每次返乡时间为几天？

   □3 天　　□7 天　　□15 天　　□30 天以上

9. 您有钱了会在城里买房子。

   □非常不同意　　□不同意　　□一般　　□同意　　□非常同意

10. 您的收入每增加 100 元，您愿意在城里消费多少？

    □0 ~ 25 元　　□26 ~ 50 元　　□51 ~ 75 元　　□76 ~ 100 元

E. 归 属 感

	非常同意 5	同意 4	中立 3	反对 2	强烈反对 1
A. 您现在认为自己是城里人					
B. 您认为要成为城里人的重要条件是有城市户口					
C. 您认为要成为城里人的重要条件是有稳定工作					
D. 您认为要成为城里人的重要条件是在城里有房子					
E. 您有钱了在城里买房子					
F. 您想成为城市居民,不想回农村					
G. 您在城里生活很习惯					
H. 如果政府能提供更多就业机会您愿意留在城市生活					
I. 如果政府保证子女教育,不乱收费,您愿意在城市生活					
J. 如果能为农民提供各种培训,您愿意来城市生活					
K. 如果有较高收入,您自愿放弃农村土地,来城市生活					

您最希望政府给农民工做的是什么?(可选三项)
□提供城乡间可流动的社会保障体系　　□提供就业机会
□取消户口限制　□减少儿童城镇上学费用　□保护劳动合法权益　□提供廉租房　□少受歧视

调研的日期:_____　调研的地点:_____
访谈时间:从____时____分到从____时____分
调查员:_____

附录 2

个案访谈提纲

1. 个人情况：包括年龄、学历、婚姻及抚养子（孙）女、上学状况。

2. 务工状况：单独务工还是举家外出务工、务工行业、务工年限、更换工作次数、寻找工作途径等。

3. 收入状况：近三年工资收入、工资收入占家庭收入比重、明年预期收入变化、汇款在收入中的比重等。

4. 消费状况：进城务工前后个人消费水平变化、春节返乡消费规模、个人主要消费项目排名、子女上学消费支出规模、城市与农村消费结构差异、休闲娱乐消费项目、最迫切消费项目等。

5. 城市融入及身份认同状况：对城市是否适应、能否感受到市民歧视、对当前城市公共服务是否满意、对城里人的身份认同、是否愿意举家外出务工、能否接受城市房价等生活成本等。

6. 未来生活预期：未来是否愿意返回乡村居住、未来生活消费是否倾向于农村地区、未来五年是否有城市购房打算、是否愿意改变"进城挣钱，回乡消费"的消费模式等。

访谈要求：

（1）访谈对象须为熟人，最好是本村外出务工者。

（2）访谈时间务必控制在30分钟以内。

（3）访谈方式以空闲聊天为主，努力营造轻松的访谈氛围，打消受访者疑虑，争取获得第一手访谈资料。

（4）访谈主题不一定按提纲顺序展开，以获取真实数据为原则。

参考文献

[1] 毛中根等:《中国人口年龄结构与居民消费关系的比较分析》,《人口研究》2013年第5期。

[2] 刘建国:《我国农户消费倾向偏低的原因分析》,《经济研究》1999年第3期。

[3] 王竹林:《城市化进程中民工市民化研究》,中国社会科学出版社2009年版。

[4] 何军:《城乡统筹背景下的劳动力转移与城市融入问题研究》,博士学位论文,南京农业大学,2011年。

[5] 胡鞍钢、马伟:《现代中国经济社会转型:从二元结构到四元结构》,《清华大学学报》(哲学社会科学版)2012年第1期。

[6] Jean Chesneaux. *J. International Social Science Review*, 1983, 58 (2): 67 – 87.

[7] 宋林飞:《农村劳动力的剩余及其出路》,《中国社会科学》1982年第5期。

[8] 宋林飞:《民工潮的形成、趋势与对策》,《中国社会科学》1995年第4期。

[9] 陈吉元:《论中国农业剩余劳动力转移》,经济管理出版社2007年版。

[10] 陆学艺:《农民工要从根本上治理》,《特区理论与实践》2003

年第 7 期。

［11］ 李仙娥、王春艳：《国外农村剩余劳动力转移模式的比较》，《中国农村经济》2004 年第 5 期。

［12］ 刘传江、徐建玲：《第二代农民工及其市民化研究》，《中国人口资源环境》2007 年第 1 期。

［13］ 路小昆：《徘徊在城市边缘：城郊农民市民化问题研究》，四川人民出版社 2009 年版。

［14］ William Arthur Lewis. economic development with unlimited supplied of labor ［J］. *Journal of Manchester*, 1954：89 – 95.

［15］ 于丽敏：《农民工消费行为的二元探析》，《工业技术经济》2010 年第 2 期。

［16］ Farkhana Shamim. Understanding Household Consumption Patterns in Pakistan ［J］. *The Journal of Retailing, Consumer Service*, 2007 (2)：14.

［17］ Farhat Yusuf, Gordon Brooks. Household Consumption in China：An Examination of the Utility of Urban-Rural Segmentation ［M］. Applied Demography in the 21st Century, 2008：285 – 298.

［18］ Patti J. Fisher, Catherine P. Montalto. Effect of saving motives and horizon on saving behaviors ［J］. *Journal of Economic Psychology*, 2010, 1：135 – 143.

［19］ Keshab Bhattarai. Rural Urban Income and Consumption Gaps across Provinces of China, 1978 – 2008 ［J］. *The Review of Economics and Statistics*, 2013, 6：682 – 697.

［20］ John Davis. Household food demand in rural China ［J］. *Applied Economics*, 2007, 39：373 – 380.

［21］ Alessandro Gambini. Trends in Private Consumption in China：The Emergence of the Chinese Venice, *Springer Berlin Heidelberg*, 2012：235 – 253.

[22] Jyotsna Jalan. geographic poverty traps? A micro model of consumption growth in rural China [J]. *Journal of Applied Econometrics* 2002, 17 (4): 329 – 346.

[23] T. Parsons. Evolutionary Universals in Society [J]. *American Sociological Review*, 2004 (29): 15 – 26.

[24] T Sun, G Wu. Chinese Urban and Rural Consumers [J]. *The Journal of Consumer Marketing*, 2004 (4): 21 – 26.

[25] Terry Sicular: the urban-rural income gap and inequality in China [J]. Wider Working Paper, 2007, 53 (1): 93 – 126.

[26] Elisabeth Croll. China's New Consumers [M]. Rutledge Press, 2006. 10. 26.

[27] Ke Yang. A Preliminary Study on the Use of Mobile Phones amongst Migrant Workers in Beijing [J]. *Knowledge, Technology & Policy*, 2008 (21): 65 – 72.

[28] Angel Lin. Mobile Cultures of Migrant Workers in Southern China: Informal Literacies in the Negotiation of Social Relations of the New Working Women [J]. *Knowledge, Technology & Policy*, June 2008, Volume 21, Issue 2, pp. 73 – 81.

[29] Yuhui Shi. Lack of health risk awareness in low-income Chinese youth migrants: assessment and associated factors, Environmental Health Medicine, 2012, 17 (5): 385 – 393.

[30] Yinni Peng. Internet Use of Migrant Workers in the Pearl River Delta [J]. *Knowledge, Technology & Policy*, June 2008, Volume 21, Issue 2, pp. 47 – 54.

[31] Erman T. Squatter Housing Versus Apartment Housing: Turkish Rural-to-urban Migrant Tesidents' Perspectives [J]. *International Habitat*, 1997, 21 (1): 91 – 106.

[32] David Abler. Interactions between cigarette and alcohol consumption

[32] in rural China [J]. *European Journal of Health Economics*, 2010, 11: 151 – 160.

[33] Ian RH Rockett. Mental Health Status and Related Characteristics of Chinese Male Rural-Urban Migrant Workers [J]. *Community Mental Health Journal*, 2012, Volume 48: 342 – 351.

[34] Ian RH Rockett. Work stress, life stress, and smoking among rural-urban migrant workers in China [J]. *BMC Public Health*, 2012, 12: 979.

[35] Roger Yat. Comparison of perceived quality amongst migrant and local patients using primary health care delivered by community health centers in Shenzhen, China. *BMC Family Practice*, 2014, 15 (1): 76.

[36] Jenna Hennery. Out of the Loop: (In) access to Health Care for Migrant Workers in Canada Int [J]. *Migration & Integration*, 14 January 2015.

[37] Alice Goldstein, Sidney Goldstein. Temporary Migrants in Shanghai Households, 1984 Demography May 1991, Volume 28, Issue 2, pp. 275 – 291.

[38] Lincoln H. Day. Does International Migration Encourage Consumerism in the Country of Origin? [J]. *Population and Environment*, July 1999, Volume 20, Issue 6, pp. 503 – 525.

[39] James M. Leonard. Chinese migrant workers' adoption of urban consumer habits. *Marketing Letters*, (2015) 26: 57 – 66.

[40] Pui-lam Law. Mobile Communication and the Issue of Identity: An Exploratory Study of the Uses of the Camera Phone Among Migrant Workers in Southern China [J]. *Springer Netherlands*, 2012: 121 – 129.

[41] Alison Taylor. Migrant Workers and the Problem of Social Cohesion

in Canada [J], *Journal of International Migration and Integration*, 2015, 16: 153-172.

[42] Keith Halfacree. Hetcrolocal Identities? Counter-Urbanisation, Second Homes, and Rural Consumption in the Era of Nobilities [J]. *Population Space*, 2012, 4: 209-224.

[43] BaoChun Zhao, ShanShan Xu. Does Consumer Unethical Behavior Relate to Birthplace? Evidence from China [J]. *Journal of Business Ethics*. March 2013, Volume 113, Issue 3, pp. 475-488.

[44] Mariano Sana. Buying membership in the transnational community: migrant remittances, social status, and assimilation [J], *Population Research and Policy Review*, June 2005, Volume 24, Issue 3, pp. 231-261.

[45] Jamal Bouoiyourl and Amal Miftah. Why do migrants remit? Testing hypotheses for the case of Morocco [J]. *IZA Journal of Migration*, 2015, 4: 2.

[46] Massey. Remittance outcomes and migration: Theoretical contests, real opportunities Jeffrey H. Cohen in Studies in Comparative International Development (2005), Issue 1, pp. 88-112.

[47] 丹尼尔·贝尔：《后工业社会的来临》，高铦译，商务印书馆1984年版。

[48] Peter Saunders. *Social Theory and Urban Question* [M]. London and New York: The Taylor & Francis Group, 1986: 142-167.

[49] J. Y. Campbell. The Response of Consumption to Income: A Cross-Country Investigation [J]. *Europe An Economic Review*, 1991 (35): 723-767.

[50] Wang, Y. P. Living Conditions of Migrants in Inland Chinese Cities [J]. *The Journal of Comparative Asian Development*, 2003, 2

(1): 47 - 69.

[51] Gregory R. The impact of the guest-worker system on poverty and the well-being of migrant workers in urban China [J], 北京论坛, 2006, 37 (2): 391 - 417.

[52] Wu, W. Migrant Housing in Urban China: Choices and Constraints [J]. *Urban Affairs Review*, 2002, 38 (1): 90 - 119.

[53] Wu, W. Sources of Migrant Housing Disadvantage in Urban China [J]. *Environment and Planning A*, 2004, 36 (7): 1285 - 1304.

[54] Park A. Migration and urban poverty and inequality in China. IZA Discussion Paper, No. 4877, 2010.

[55] Wang, M., Emerging urban poverty and effects of the Dibao program on alleviating poverty in China [J]. *China And World Economy*, Vol. 15, No. 2, 2007.

[56] De Braun, A. and S. Roselle. Migration and Household Investment in Rural China [J]. *China Economic Review*, 2008 (19), pp. 320 - 335.

[57] 冯桂林:《我国当代农民工的消费行为研究》,《汉江论坛》1997年第4期。

[58] 欧阳力胜:《农民工消费行为与方式探析》,《经济与管理》2006年第4期。

[59] 严翅君:《长三角农民工消费方式转型》,《江苏社会科学》2007年第5期。

[60] 赵卫华:《独特化还是市民化:新生代农民工消费模式分析》,《北京社会科学》2015年第2期。

[61] 于丽敏:《农民工消费行为影响因素研究:以东莞为例》,博士学位论文,中南大学,2010年。

[62] 吴文峰:《农民工储蓄与消费行为分析》,《江西社会科学》

2012 年第 7 期。

[63] 唐有财：《新生代农民工消费研究》，《学习与实践》2009 年第 12 期。

[64] 卢晖临：《当代中国第二代农民工的身份认同、情感与集体行动》，《社会》2014 年第 4 期。

[65] 金晓彤、崔宏静：《新生代农民工社会认同建构与炫耀性消费的悖反性思考》，《社会科学研究》2013 年第 4 期。

[66] 李扬：《我国新生代农民工消费行为差异研究：基于 7 大区域划分分析》，《调研世界》2014 年第 11 期。

[67] 周芸：《山寨手机与农民工的城市身份建构》，《兰州学刊》2010 年第 1 期。

[68] 龚晶、孙素芬：《保障模式影响农民工的身心健康吗：基于对在京农民工的调查》，《农业经济问题》2014 年第 9 期。

[69] 秦伟平、赵曙明：《多重认同视角下的新生代农民工组织公平感与工作嵌入关系研究》，《管理学报》2014 年第 10 期。

[70] 纪江明：《新生代农民工二元化消费方式与身份认同研究》，《人口与发展》2013 年第 2 期。

[71] 叶俊涛等：《农民工城市融合路径及影响因素研究：基于三阶段 Ordinal Logit 模型的实证》，《浙江社会科学》2014 年第 4 期。

[72] 钱文荣：《初衷达成度、公平感知度对农民工留城意愿的影响及其代际差异：基于长江三角洲 16 城市的调研数据》，《管理世界》2013 年第 9 期。

[73] 金晓彤等：《"金玉其外"的消费选择背后——新生代农民工社会认同与炫耀性消费解析》，《经济体制改革》2015 年第 1 期。

[74] 李培林、李炜：《近年来农民工的经济状况和社会态度》，《中国社会科学》2010 年第 1 期。

[75] 闫超：《基于社会认同视角的新生代农民工炫耀性消费行为影

响机理研究》，博士学位论文，吉林大学，2012年。

[76] 汪丽萍：《融入社会视角下的新生代农民工消费行为分析：市民化消费和炫耀性消费》，《农村经济》2013年第6期。

[77] 朱力：《论农民工阶层的城市适应》，《江海学刊》2002年第6期。

[78] 司会敏：《青年农民工融入城市问题探讨：以新户籍制度改革为契机》，《理论导刊》2015年第1期。

[79] 肖云、邓睿：《新生代农民工城市社区融入困境分析》，《华南农业大学学报》（社会科学版）2015年第1期。

[80] 韩俊强：《农民工住房与城市融合》，《人口科学》2013年第2期。

[81] 周敏：《融合与保护：西安市区农民工生存状况调查研究》，陕西人民出版社2011年版。

[82] 俞林伟等：《生存状况、生活满意度与农民工城市融入：基于杭州、宁波和温州1097个调查样本的实证分析》，《经济体制改革》2014年第6期。

[83] 蔡昉：《劳动力迁移过程及其制度障碍》，《社会学研究》2001年第4期。

[84] 卢海洋：《农民工城市融入及对经济行为的影响》，博士学位论文，浙江大学，2014年。

[85] 钱雪飞：《进城农民工消费的实证研究》，《南京社会科学》2003年第9期。

[86] 于丽敏：《东莞农民工消费结构分析》，《当代经济研究》2010年第5期。

[87] 李凯、曹国忠：《农民工家庭城乡消费决策的影响因素：基于东部9城市抽样调查数据的分析》，《人口与发展》2012年第8期。

[88] 李海峰：《农民工消费结构调查》，《全国商情》2008年第

3 期。

[89] 李强：《外出农民工及其汇款之研究》，《社会学研究》2001 年第 4 期。

[90] 胡枫：《农民工汇款的影响因素分析》，《统计研究》2007 年第 10 期。

[91] 王美艳：《农民工汇款如何影响农户的生活消费》，《贵州财经学院学报》2012 年第 1 期。

[92] 余晓敏、潘毅：《消费社会与"新生代打工妹"主体性再造》，《社会学研究》2008 年第 3 期。

[93] 王子成：《外出务工汇款对农户家庭收入的影响：来自中国综合社会调查的证据》，《中国农村经济》2012 年第 4 期。

[94] 王曼：《农民工消费与储蓄选择》，《北京工商大学学报》2005 年第 11 期。

[95] 刘金星：《农村"过疏化"下的消费困境》，《北方经贸》2014 年第 9 期。

[96] 郭晓鸣、周小娟：《老一代农民工：返乡之后的生存与发展——基于四川省 309 位返乡老一代农民工的问卷分析》，《中国农村经济》2013 年第 10 期。

[97] 江立华：《民工返乡消费与社会关系嵌入》，《学术研究》2015 年第 3 期。

[98] 卢海洋、钱文荣：《子女外出务工对农村留守老人生活的影响研究》，《农业经济问题》2014 年第 6 期。

[99] 谭深：《家庭策略，还是个人自主？——农村劳动力外出决策模式的性别分析》，《浙江学刊》2010 年第 10 期。

[100] 张兴华：《民工消费的经济分析及启示》，《中国农村经济》1999 年第 3 期。

[101] 蔡志海：《制度变迁中农民工的生存状态及其未来命运》，《华中师范大学学报》（人文社会科学版）2002 年第 7 期。

[102] 邓鸿勋：《走出二元结构：农民工、城镇化与新农村建设》，中国发展出版社 2006 年版。

[103] 钱雪飞：《新生代农民工收入及影响因素的实证分析：基于代际差异的视角》，《江海纵横》2010 年第 7 期。

[104] 周林刚：《地位结构、制度身份与农民工集体消费》，《中国人口科学》2007 年第 4 期。

[105] 张利痒：《二元结构下的城乡消费差异分析》，《中国软科学》2007 年第 2 期。

[106] 蒋长流、韩春虹：《利益非一致性与农民工社会保障：市民化的政策支持研究》，《经济体制改革》2015 年第 1 期。

[107] 金晓彤等：《农民工群体购买意愿形成机理理论框架与实证研究》，《外国经济与管理》2015 年第 2 期。

[108] 刘子玉等：《新生代农民工消费对推进城镇化影响研究》，《经济纵横》2014 年第 7 期。

[109] 褚荣伟：《农民工消费市场解读》，《经济理论与经济管理》2011 年第 7 期。

[110] 周凤：《城乡二元结构下进城农民工家庭消费研究：以浙江省长兴县的实证研究为例》，博士学位论文，南京师范大学，2012 年。

[111] 郑功成：《中国农民工问题与社会保护》，人民出版社 2007 年版。

[112] 张军：《农民工动态演化研究》，《财经论丛》2007 年第 7 期。

[113] 李英东：《基于农民工需求的基础设施投资与扩大内需》，《农村经济》2011 年第 3 期。

[114] 李晓峰等：《基于 ELES 模型的北京市农民工消费结构实证研究》，《农业经济问题》2008 年第 4 期。

[115] 孙凤、王少国：《农民工消费能力研究》，《学习与探索》2013 年第 4 期。

［116］沈蕾：《新生代农民工消费的比较研究》，《统计与决策》2015年第 8 期。

［117］刘靖：《农民工家庭迁移模式与消费研究》，《汉江论坛》2013年第 7 期。

［118］钱文荣、李宝值：《不确定性视角下农民工消费影响因素分析：基于全国 2679 个农民工的调查数据》，《中国农村经济》2013 年第 1 期。

［119］钱文荣：《农民工家庭务工地消费影响因素实证研究》，《中国农学通报》2014 年第 13 期。

［120］王宁：《"两栖"消费行为的社会学分析》，《中山大学学报》（社会科学版）2005 年第 4 期。

［121］汪佳佳：《城乡背景下农民工消费行为"两栖性"探析：以皖南 A 村进城务工人员为例》，博士学位论文，吉林大学，2014 年。

［122］石智雷、薛文玲：《中国农民工的长期保障与回流决策》，《中国人口·资源与环境》2015 年第 3 期。

［123］孔祥利、粟娟：《我国农民工消费影响因素分析——基于全国 1860 个样本调查数据》，《陕西师范大学学报》（哲学社会科学版）2013 年第 1 期。

［124］陈春：《民工住房状况与留城意愿研究》，《经济体制改革》2011 年第 1 期。

［125］黄振华、万丹：《农民的城镇定居意愿及其特征分析：基于全国 30 个省 267 个村 4980 位农民的调查》，《经济学家》2013 年第 1 期。

［126］臧旭恒：《跨时预算约束与消费函数验证》，《经济研究》1994 年第 9 期。

［127］余永定：《居民消费函数的理论与验证》，《中国社会科学》2000 年第 1 期。

[128] 朱信凯:《消费函数的理论逻辑与中国化》,《经济研究》2011年第1期。

[129] 孔祥利、王张明:《中国城乡居民消费差异分析及对策研究》,《经济管理》2013年第5期。

[130] Friedman. *A Theory of the Consumption Function* [M]. Princeton University Press, Princeton, 1957.

[131] F. Modiglian, R. Brumberg. Utilily Analysis and The Consumption Function: An interpretation of cross-section data. *FRANCO MODIGLIANI*, 1954.

[132] Carroll, C.; Hall, R, and Zeldes, S. The Buffer Stock Theory of Saving: Some Macroeconomic Evidence [J]. *Brookings Papers on Economic Activity*, 1992 (2): 61 - 156.

[133] Zeldes, S. P. Optimal Consumption with Stochastic Income: Deviations from Certainty Equivalence [J]. *The Quarterly Journal of Economics*, 1989, 104 (2): 275 - 298.

[134] Deaton, A. Saving and Liquidity Constraints [J]. *Econometric*, 1991, 59 (5): 1221 - 1248.

[135] Stone, R. Linear expenditure systems and demand analysis: an application to the pattern of British demand [J]. *Economic Journal*, 1954, 255: 511 - 527.

[136] C. Liuch. The extended linear expenditure system [J]. *European Economic Review*, 1973, 4: 21.

[137] Leland, H. E. Saving and Uncertainty: The Precautionary Demand for Saving, *The Quarterly Journal of Economics*, 1968, 82 (3): 465 - 473.

[138] Browning, M. and Lusardi, A. Household Saving: Micro Theories and Micro Facts [J]. *Journal of Economic Literature*, 1996, 34 (4): 1797 - 1855.

［139］［美］凡勃仑:《有闲阶级论——关于制度的经济学研究》，蔡受百译，商务印书馆 1964 年版。

［140］Ng, Yew-twang. Diamonds are a government's best friends: burden-free taxes on goods valued for their values［J］. American Economic Review, 1987, 77: 186 - 191.

［141］王建国:《争名的经济学——位置消费理论》，载《现代经济学前沿专题（三）》，商务印书馆 1999 年版。

［142］Cooper, B. Status effects and negative utility growth［J］. The Economic Journal, 2001, 111 (7): 642 - 665.

［143］［美］杜森贝利:《所得、储蓄与消费者行为之理论》，台湾银行经济研究室 1968 年版。

［144］Leibenstein, H. Bandwagon, snob, and Veblen effects in the theory of consumer demand［J］. Quarterly Journal of Economics, 1950, 64: 183 - 207.

［145］邓晓辉:《炫耀性消费理论及其进展》，《外国经济与管理》2005 年第 4 期。

［146］Frank, R. H. The demand for non-observable and other non-positional goods［J］. American Economic Review, 1985, 75: 101 - 116.

［147］［法］让·鲍德里亚:《消费社会》，刘成富译，南京大学出版社 2001 年版。

［148］顾乐民:《外出农民工测算与未来趋势》，《浙江农业科学》2015 年第 1 期。

［149］程恩江:《中国农民工国内汇款服务问题报告》，世界银行扶贫协商小组报告，2005 年。

［150］杨聪敏:《改革开放以来农民工流动规模考察》，《探索》2009 年第 8 期。

［151］刘金星、赵学梅:《农村"过疏化"背景下的农民工消费困

境》,《北方经贸》2013 年第 9 期。

[152] 董熙:《我国劳动力市场中的农民工工资歧视状况与解决路径》,《经济体制改革》2014 年第 6 期。

[153] 郭继强等:《受雇农民工数量和工资的变化趋势研究》,《浙江大学学报》(人文社会科学版)2014 年第 6 期。

[154] 夏锋、甘露:《让农民工成为历史:进程、挑战与对策》,《农业经济问题》2014 年第 6 期。

[155] 孙启泮:《需求变迁、供给约束与农民工社保制度的完善:一个三阶段发展思路的探讨》,《理论与改革》2014 年第 6 期。

[156] 俞林伟等:《生存状况、生活满意度与农民工城市融入:基于杭州、宁波和温州 1097 个调查样本的实证分析》,《经济体制改革》2014 年第 6 期。

[157] 明娟、曾湘勇:《农村劳动力外出与家乡住房投资行为——基于广东省的调查》,《中国人口科学》2014 年第 8 期。

后　　记

本书是由我主持的陕西省社科基金项目（编号：2015G011）和社科联重大理论与现实研究项目（编号：2016Z009）的研究成果。从专著的前期论证、选题确定、研究框架、结构推敲，无不凝聚着我的博士生导师陕西师范大学宣传部部长孔祥利教授及师母西安石油大学经济管理学院王君萍副院长的心血与智慧。正如一位师姐所言："我的眼是恩师教我睁的。"在此首先感谢孔老师对我一如既往的鼓励，虽然认识只有四年，但恩师豁达的胸怀、随和的性格以及对科研的认真，都对我有很深的影响。一日为师，终身为父，恩师对我的点拨，此生铭记于心！

与师母王君萍教授的认识更早一些，或许是源于彼此简单直率的性格，慢慢从普通的同事变为真正的良师益友。从师母教育部课题的资料查询开始，到文章的发表、专著的撰写、教育部课题的结题，再到国家社科基金的申报，我从她身上学到了太多太多。师母对人的包容与真诚、做事的专注以及对学习的执着都值得我一生体会。

感谢我的好友杨晶，感谢师姐粟娟、师妹秦晓娟、卓玛草、张欣丽以及博士生同学刘琦与王保忠提供的宝贵建议与帮助。在本书的撰写过程中，我们阅读、引用了大量国内外学者的研究成果，前人文献为我们奠定了坚实的研究基础，在此对国内外同仁表示感谢。最后，感谢西安石油大学优秀学术著作出版基金的资助，感谢经管院提供的良好科研条件和宽松氛围！最后，感谢中国社会科学出版社刘艳编辑的辛勤付出，她的专业、细致与认真使本书增色不少！

　　四年前，我是一个彻底的学术门外汉，写一篇普通文章都费劲，时至今日，自己的第一本专著即将出版，这是一个学习蜕变的过程，也是一个身心煎熬、不断历练的过程。过去的四年，无论是个人还是家庭，收获颇多，真正能够体会到生命质量的提升。就个人学术而言，正应了一句名言："学，然后知不足。"深知自身学术功底的浅薄，正如恩师所言，自己或许才刚刚上道而已。人生是一种修行，学术亦概莫能外。无论如何，学术这条路，还是要坚定地走下去，安贫乐道，力争早日达到不以物喜、不以己悲的境界。

　　念念不忘，必有回响，如是而已！

王张明写于平和居

2017年6月